戦略・政策研究への招待

嘉悦大学大学院
創設10周年記念刊行

嶋口充輝・上原 聡・
高橋洋一・真鍋雅史
［著］

勁草書房

はじめに

　ICT 技術の発展は人々の生活をより便利にし，自動運転技術に代表されるような人工知能の研究成果にも目を見張るものがあります。この利便性追求の先に私たちはどのような社会像を描くのでしょうか。また，医療の進歩は平均寿命を延ばし長寿社会を実現しました。しかし，その一方で要介護数の増加や少子化による労働人口減少のような深刻な社会的課題をわが国では多く抱えています。同時にグローバルに競争が展開される経済活動や膨大な商品・サービスが市場に溢れる中で，取り巻く経営環境はますます厳しくなっています。

　ここで営利・非営利を問わず経営にとって重要な視点は，直面する個別の課題を解決できるマネジメント能力を備え，次世代の社会像・社会のあり方を描ける経営資産としての人材を育てることです。これまでよりも，人的資源が一層重要な経営資本となっているのです。

　具体的には，今後の経営には諸領域間にわたる専門知識の集成的な見識力を有する人財の有無が勝負になるでしょう。小手先の対応策ではなく，深く考えて物事の本質を見極められる見識力を形成する基盤を教育機関が担いますが，最近では高等教育機関においても実務的スキルのみの習得に重きが置かれている傾向にあります。

　このような深く考える力を教育によって養うカリキュラムや場が減少していることに，日本経済の競争力低下の一因があるようにも思えます。そして大学院こそ，そのような力を養う場であるものと考えます。

　嘉悦大学大学院ビジネス創造研究科は，「中小企業憲章」が示すように日本経済を牽引する存在である中小企業に関する研究拠点として平成22年度に開設されました。開設以来，精力的な研究・教育が進められ，創立117年を迎える嘉悦学園理念の実学教育を踏襲しつつ，課程博士学位授与者をはじめ多くの有能な人材を輩出してきたと自負しております。

　ビジネス人材および研究者輩出に実績を残してきた嘉悦大学大学院ではあり

ますが，昨年度開設 10 年の節目となり，次の展開に向けて只今邁進しており
ます。これまでの教育経験の蓄積を踏まえ，新たなニーズを取り込むことで，
中小企業研究の成果・実績（戦略・政策立案）を大切に継承しつつ，より広い
範囲に対象を拡充する所存です。

　ビジネス創造研究科のカリキュラムは，現在直面している経営課題に対処す
べく，事業の中核機能となるマーケティングなど経営に関わる「戦略」を主軸
に置いたマネジメント領域をはじめ，学生からの要請が高く社会的なニーズの
高まりを受けての経済に関わる「政策（公共経営）」および学園の伝統的な強
みであった税務・会計による領域，さらには事業に不可欠な先端的情報技術の
領域から構成されています。

　私ども嘉悦学園の伝統は商業教育（税務・会計）にありますが，大学院開設
10 周年を無事に迎えることができた今，戦略と政策の"立案スキル"を重点
的に養う「戦略・政策」研究を特色とする経営大学院として，見識力を醸成す
る研究・教育拠点になることを今後とも目指していきます。

　そこで，このたび，大学院開設 10 周年記念として，「戦略・政策」研究に関
する案内手引き書として本書を刊行する運びとなりました。

　本書は，戦略と政策による 2 部構成になっており，まず戦略の部では，わが
国におけるマーケティング研究の第一人者，嶋口充輝慶応義塾大学名誉教授
（元嘉悦大学大学院教授）により提唱された日本型マーケティングを通した重要
な戦略発想について紹介しています。1990 年代後半に提唱されたものですが，
今なお色褪せない重要な示唆に富む発想だと考えます。このような戦略発想を
理解したうえで，次に，実際の戦略構築に関わる実証研究の進め方について，
具体的な記述内容を例示しています。政策の部では，菅内閣発足に伴い内閣官
房参与に任命された高橋洋一嘉悦大学大学院教授が提唱する政策論として，コ
ロナ禍経済政策をはじめ，金融市場・行政を対象とした政策分析の方法などが
具体的に示されています。

　今回刊行するにあたり，勁草書房編集部の宮本詳三氏には，出版計画から校
正面に至るまで大変にお世話になりました。ここで厚く御礼を申し上げます。

　これから戦略・政策研究を試みようとされている方に，少しでも本書が参考になれば幸いです。そして，本書をきっかけに，私どもと一緒に学び合えることを心待ちにしております。

2021 年 1 月

執筆者を代表して

上原　聡

※第 1 章はダイヤモンド社から 1997 年に刊行された『柔らかいマーケティングの論理──日本型成長方式からの出発』，第 2 章は専修大学出版局から 2009 年に刊行された『感情マーケティングの理論と戦略』より（共に現在は絶版）一部を抜粋し修正・再編集したものである。

目　　次

第2章　戦略の構築に関する実証研究の進め方
——感情要因に着目した小売店舗研究の事例を通して——　

上原　聡

第II部　政策編

第3章　政策研究と政策決定
——コロナ経済対策はどのように作られたか——　

高橋洋一

第Ⅰ部　戦略編

第1章
日本型マーケティングの論理と柔らかい戦略

嶋口　充輝

第1節　はじめに

　企業規模の国際的拡大，情報通信技術の発達，人びとの移動性の活発化等を背景に，経済活動が次第に国境意識を薄くし，有史以来，はじめて真の世界市場が生まれようとしている。このとき，世界市場をベースに，多様な競争スタイルをもつ企業群が，厳しい競争のなかで，次の成長を目指した企業活動を展開することになる。このような世界市場を舞台に繰り広げられる多様な競争のなかで，特に戦後から1980年代前半までに確固たる地位を築くようになった一つの戦略グループ[1]，つまり日本型経営スタイルや日本型成長モードに新しい課題と挑戦が向けられている。

　振り返ってみれば，戦後から一貫して，全世界的な経営スタイルはほとんど米国流経営がその潮流を成していた。したがって，それまでの日本型経営は，米国の合理的経営スタイルからみれば，やや後進的な特殊制度のもとでの特殊的方法として位置づけられ，あくまで米国型経営を理想モデルとした例外的逸脱型経営とみなされていた。しかし，1970年代後半以降，グローバル市場における日本企業の強さや成功が特に目立つようになると，日本型経営は，特殊，例外的な位置にあるものとしてではなく，もう一つの潮流として認識されるようになる。

　日本型経営のなかで，それ以前特に強調されたのは，生産におけるジャスト・イン・タイム方式や業務上のTQC活動，さらには独特の組織特性や社会文化制度（集団的経営，年功序列制，終身雇用制など）であった。しかし，その後の関心は日本企業の市場における成長行動ないし成長戦略に移っている。

　たとえば，日本企業が欧米企業との競争でどのような戦略上の優位を築きつつ市場シェアを拡大してきたのか，日本企業の市場行動における成長のフォーミュラは一体何か，その日本型成長と強みは果たして持続するのか，といった関心である。この点が明らかになれば，日本的な組織特性や組織内の生産・業務的努力が，企業の成長戦略との関わりのなかで統合的に理解できることになる。

　本章では，日本型成長方式を担う中核機能たる日本企業の伝統的マーケティング行動について，特にその形成期ともいえる戦後から1980年代前半頃までの成長のメカニズムに焦点を当て，その伝統的成長方式が今日，どのような特徴と課題をもつのかを明らかにする。ただ，日本型成長方式という場合，その比較の尺度や対象が曖昧になりやすい。そこで，本章においては，特に，今日の日本型企業成長パターンに直接関わりがあると思われる戦後日本の成長企業を対象とし，暗黙的な比較対象として，この間，世界の経営・マーケティングの基軸となった米国企業の成長方式や行動を想定して論を進めることにする。

第2節　日本型成長の論理

1. 企業成長と現代マーケティングの役割

　日本企業の伝統的な成長行動を明らかにするにあたって，まず，企業成長におけるマーケティングの役割を明確にしておこう。一般に事業の運営は，それを支援するさまざまな経営機能によって遂行される。これら経営諸機能のうち，事業の成長を直接つかさどる経営機能がマーケティングである。ボノーマやドラッカーが言うように，「あらゆる経営機能のなかで成長を推進する機能はマーケティングのみであり，他の経営諸機能（たとえば，生産，財務，人材開発，研究開発などの機能）はすべてそのためのコストにすぎない」[2]という主張は的を射た一つの見方である。

　しかし，マーケティング機能の重視といっても，本来，「機能」という概念はあくまで「固有の働きや本質的役割」を示すものであるから，マーケティング機能を遂行する人や組織を特定化する必要はない。現実に，マーケティング機能は，マーケティング部門やマーケティング担当者だけでなく，経営陣や生産，財務，人事，研究開発の担当者によっても暗黙的に幅広く遂行されている。

それは，卸機能は卸売業者の専有的役割ではなく，実際，卸売業者よりメーカーのほうが卸機能（本質役割）をうまく遂行できるなら販社をつくるし，同じく，小売業のほうが卸機能をうまく遂行できるなら流通センターを自らつくるのと同じである。「マーケティング機能は企業成長をつかさどる唯一の重要な経営機能なのでマーケティングマンだけに任せておくわけにはいかない」という言葉は，まさに機能としてのマーケティングの性格を明確に示している[3]。

　このような意味から，今日の事業運営が，ややもすると合理化や効率追求のために生産，財務，人事，研究開発の機能強化に向けられるのは，それがまったく間違いではないものの，事業全体としての成長メカニズムを解明することにはなりにくい。なぜなら，マーケティング機能による新たな方向づけがないままに内部機能の強化をしても，結局，短期の利潤をいくらか上げてそれで終わりということになるからである。このことは，すでに1950年代にドラッカーが明確に示したとおりである。つまり，事業の唯一の目的は利潤ではなく「顧客創造（と維持）」にこそ求められ，そのための事業の機能はマーケティングとイノベーションだということである[4]。そして，このマーケティングとイノベーションを通じて顧客創造（と維持）を行なったあとで，内部的な制約と可能性を規定する生産，財務，人事等の機能対応および機能強化により，利潤が生まれるのである。

　以上のようにみると，今日のような経営環境全体の変化が常態化している状況下では，事業運営の根幹にマーケティング理念と機能をしっかりと据え，それによって適切な成長の舵取りをすることがとりわけ必要だということがわかる。このように，現代のマーケティングは，事業経営の要として，いかに成長の持続的なモードないし仕組みを構築・実行するかを問題とする。ただ，前述のようにマーケティングの今日の中心課題が事業の未来に向けた成長モードづくりにあるにもかかわらず，日本の企業ではこれまで，必ずしも長期的な未来戦略の仕組みや発想が明確ではなかった。そこで，特に戦後の日本企業がどのような対応で1980年代に至るまでの期間，驚異的成長をしてきたかを説明することから始めよう。

2.「不合理の合理性」仮説

　海外の日本企業の研究者によれば，ほとんど例外がないほど，日本企業のマーケティング戦略の特徴は深慮遠謀に基づく長期志向性にあると指摘する[5]。しかし，われわれが詳細に日本企業のマーケティング行動を観察してみるとき，本当にそれが長期戦略や長期計画のもとで遂行されてきたかについてはいくつかの疑問がある。その第1は，もし本当に長期志向のもとで企業経営が行なわれたのであるならば，売上げに占める研究開発投資がもっと多くてよいはずだが，ごく最近は別として，戦後から1980年代前半頃までのデータをみる限り，実際に米国と比べても，対売上げに占める平均的な研究開発投資の比率が抜きんでて高いわけではない[6]。第2は，日本企業がいわれるように長期志向なら，その日常行動はもっとゆったりと計画的に行なわれるはずだが，日本企業の日常行動の特色は，戦後一貫して，集中豪雨型，短期決戦型である。さらに，第3に，日本企業およびその舵取りをする経営陣が当然制約を受けているはずの日本の文化的・歴史的背景に，さほどの長期計画性がないことである。たとえば欧州や中国の文化的・歴史的遺跡や建造物に比べても，日本のほうがより長期志向という証拠はなく，都市づくりなどでも，一部の例外を除いて日本は長期計画的というより自然発生的である。

　このようにみると，日本企業の成長行動として欧米からしばしば指摘される長期志向仮説は，やや怪しくなる。日本企業に関してよく指摘されるような経営成果（たとえば財務目標）の評価期間については，日本が長期志向だからという解釈より，成果尺度やその評価が曖昧だからだと理解したほうがよいという考え方もある。確かに，日本企業の成長行動にはある面で長期志向らしい部分もあるが，ある面ではまったくそうではない。それでは，一体どのように日本企業の市場活動を理解すべきなのであろうか。

　一つの解釈は，日本企業は，市場活動を行なうにあたって，事前に長期性のある合理的な計画を立てるのではなく，むしろ，不確定な状況のもとで，実行者とその周辺利害者との間の調整をはかりながら，超短期の活動を行なっているのだが，それが事後的な調整を通じて結果的に長期的合理性に適うものになっていた，という考え方である。ここでは，この行動を「不合理の合理性」仮説と名づけておこう。つまり，日本企業の多くは，目先の問題解決や生存競争

のために，一見すると統一性のない無秩序で攻撃的な営業活動にみられるような，長期的視点からみてときに不合理きわまりない行動をとる。しかし，その超短期の問題解決行動が，時間の経過に従って次第に，現場レベルでの市場と当事者間の関係調整を経て，最適な共通目的に向かって合理的に収斂していくのである。このプロセスを理解できなかったために，欧米の日本企業研究者は結果から「長期（戦略）志向」という解釈を与えたようである。

　本来の長期志向性でいわれるべき未来への方向づけたる長期計画や長期戦略は事前に計画すべきものだが，日本の多くの企業戦略は事後的に実行結果から生み出されたものであって，事前計画的なものではない場合が多い。つまり，日本企業の過去の成功戦略の多くは，超短期の実行の結果，「あぶり出し」のように事後的に浮かび上がってきた面が強いのである。

　かつて，日本企業の経営スタイルを「おみこし経営」と名づけた時代があった。このおみこし経営こそ「不合理の合理性」仮説の具体例である。神社を出ていく御輿の担ぎ手は皆，別々の方向を向いて行きつ戻りつしながら町内を練り歩く。それでも皆で相互関係を調整しつつワッショイワッショイと町内を一通り回って，ほぼ決められた時間に神社に戻ってくる。一見すると事前に詳細な計画が練られているようにみえるが，現実には，大枠的な方向の指示や打ち合わせ程度のものがあるだけで，各自は勝手に必死に御輿を担いでおり，誰かが特別に指揮しているわけではない。しかし，結果的には，時間的にほぼ予定どおりに町内をくまなく歩き，全体的にはうまくいくのである。

　その点，欧米の祭りはパレード型ないしカーニバル型で，ドライバーがあらかじめルートと通過時刻を決めておき，その計画どおりに事を運ぶ。まさに欧米型のほうが事前に計画しており，日本のほうがその場その場の対応で事後的につじつまを合わせている。

　このようにみると，なぜ日本企業が日常の市場活動のなかでかくも集中的にインパクトの強い猛烈行動をとるのか，また長期性に関わる基礎的研究にさほどのウェイトを置かなかったのかが，日本の歴史的・文化的特性である相対的な長期計画性の欠如の面から理解できるように思われる。では，この日本型マーケティングないし日本型成長行動のベースである「不合理の合理性」（あるいはおみこし経営型行動）がどのようなメカニズムで行なわれているのかにつ

いて，もう少し詳しくみてみよう。

3. 日本型成長のメカニズム

　一般的に，企業の成長行動に関わる事業運営を説明する場合，理念系，戦略系，実行系という3つの要素が一体となって行動のセットを形成するものと捉えることができる（図1-1）。ここで「理念」とは，組織の運営を精神的に規定する価値観や生き方に関わるもので，具体的には，企業哲学，社是，社訓，使命，モットー，ビジョン，企業目的，などの形でも表される。また，「戦略」とは，未来成長に向けて，事業の全体および部分を統合的に方向づけ，経営資源を配分していく事業行為といえる。さらに「実行」は，精神的支柱たる理念のもとで，未来の方向づけたる戦略に従って，市場（現場）内で，具体的に市場価値の実現や競争優位を通じ，日々の存続をはかり，成長の糧を稼ぐ活動である。

　戦後から1980年頃までの日本企業の一般的な行動様式をみてみると，前記のうちの「理念」部分はきわめて普遍性が高く，長期的であったといえる。たとえば，「和」「信頼」「協調」「顧客第一主義」「社会奉仕」「誠実」「努力」などの事業運営の思想や理念は，すべて普遍性の高い価値観である。これらの理念は，その例からもわかるように，組織に働く人びと一般の行動規範に近く，特定の企業の理念というより，あらゆる組織に通ずる理念や生き方といってよい。

　一方，「戦略」の部分については，過去における日本企業のそれはきわめて曖昧であったか，あるいは欠如していたといってよい。戦略は一般に，いくつかの良き代替案のなかからあるものを捨て，あるものを選択するというリスクをともなう事前の方向づけの性格をもつのだが，これまで，日本企業の多くにはすべてのことを同じように全部頑張ろうとする傾向があり，その分，戦略が曖昧になりがちであった。しかも，頭であれこれ考えるのではなく，不確実性のもとでともかくやってみる実行重視の価値観が伝統的にある。

　このように未来の方向づけたる戦略が曖昧であるため，「実行」レベルでは，市場において目先の問題に向けて各組織メンバーがそれぞれに懸命に努力をする。まさに，大枠的な支持のもとで祭りの御輿を担ぐ真面目な担ぎ手の姿であ

図1-1　日本企業の成長行動

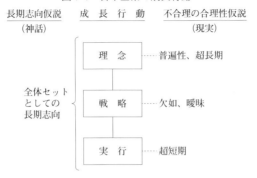

る。特に，崇高な理念に支えられた勤勉性を価値観とするメンバーは，それぞれが正しいと考える対応を，集団の全体的な相互関係を理解しながら，柔軟かつ臨機応変に行なう。つまり，実行は，その場その場の解決として，集団のバランスを個々が暗黙的にとりながらも，基本的には超短期で行なわれるから，ときとして長期的な合理性と矛盾することになる。

　このように，日本企業の市場内事業運営方式は，まず関係者間の相互関係を確認し，戦略が曖昧か欠如したまま，普遍的な理念と超短期の実行行動で物事を進めるものであった，と指摘できる。対比的に，米国企業の場合，戦略中心に事業を進め，理念および実行や，そのための関係性は，戦略の明確化の派生的行為のように位置づけられる傾向がある。それゆえに，やや粗削りな一般化をするなら，日本企業の事業運営は関係性先行の実行重視型，米国企業は戦略重視型（ないしリード型）といえそうである。

4.　マーケティング実行力と営業

　日本企業の伝統的な成長行動（あるいはマーケティング行動）の現場における実行の中心的担い手は，営業活動の組織と担当者といってよい。日本では，この実行の担い手である営業が，普遍性の高い精神的理念のもと，猛烈な市場活動によって市場価値を実現し，競争における優位性を築いてきたようである。日本における営業活動の範囲は，企業によっていくらか差があるが，米国のセリングに比べるとやや曖昧な部分を含みながら，かなり広いといってよい。実

際のところ，日本語の「営業」にあたる英語は，マーケティングでもセリングでも正確ではなく，その中間的な広さをもっている。つまり，単なる売り込み（selling）活動は当然網羅しているが，成長の仕組みづくりにあたるマーケティング全般にまでは及ばない。強いていうなら，マーケティングによる成長の仕組みを市場現場で統合的に調整しながら価値を実現していく人的な対市場活動である。それゆえ，「営業」は，もしこれを英訳するなら，そのまま "eigyo" と書かざるをえない日本的な性格をもっている。

　米国にみられるような機能分担型の販売部隊というより，戦後の日本の営業は高密度な人間関係を基礎にした人間的集団型活動の性格を色濃くもつが，この日本の営業活動および営業力は，特に海外の観察者からは異様にみえることがあるようである。日本企業の実行面を担う市場活動の猛烈ぶりについて，ソニーのエディトリアル・サービス担当のリチャード・ケネディ氏は，次のような興味深い報告をしている。少し長いが引用してみよう[7]。

　日本的経営技術に関するさまざまな議論がもっとも熱を帯びていた頃に，『ニューヨーク・タイムズ』のコラムニストであるジェームス・レストン氏が，この現象がどこからくるのかを自分の眼で確かめようと，東京へやって来た。（中略）メイド・イン・ジャパン製品が世界中の市場でなぜこんなにも際立って評価されているかを理解するためには，自分で車を運転し，東京のどこにでもあるガソリンスタンドに寄るだけですべてが納得できたと彼は述べている。

　まず，車がスタンドに入ってくると，従業員はチームワークを組んで，それぞれの仕事を完璧に，まるで病院の手術室のなかで行なわれるようなきびきびとした動作で――ある者がタンクにガソリンを入れていると，他の者たちはフロントガラス，サイドミラー，フロントライトを磨き上げ，アンテナが曲がっていれば当然のことのようにまっすぐにし，灰皿を掃除してくれ，うしろの方ではまた他の者がリアウインドウを拭いていたり――と，至れり尽せりのサービスぶりである。そのほか，お客さんの質問があれば行先や途中の交通事情，近道など，親切にアドバイスしてくれる。そして車が道路にスムーズに出られるよう，後続車をいったん停止させることまでを，彼らは自分の仕事と心得ているのである。

　日本と米国の事情の違いがあるにせよ，確かに米国人の目には，日本人の現場における働きぶりは異様に映るようである。

　同氏はさらに車の営業・販売活動ぶりについても次のように報告している。

　……忘れられないためにバースデーカードにはじまり，新車案内のパンフレットを送る，試乗サービスをする，また，いま乗っている車の半年点検や車検が近づけば本人が気づく前に教えてくれる。そしてそれらの仕事の依頼OKがとれるや，その間の代車をまわしてくれるし，車を自宅まで取りにきてくれる。そうして点検が済んだあとは，車をきれいに洗車・ワックスがけし，社内の掃除までして，またまた自宅まで届けてくれるのである。このようにして，次の車もまたぜひ私のところで……と，お客様第一の仕事のひとつとしてのアフターサービスが次から次へと続くのである[8]。

　同氏は，日本の競争行動を「熾烈・冷酷であり，少々クレージーである」（つまり不合理）と述べているのだが，そういわれて改めて考えてみると，顧客満足や顧客奉仕に向けた日本の実行行動の猛烈さは，世界でも抜きんでているのかもしれない。

　同氏はさらに，この熾烈をきわめた市場競争に打ち勝つために，日本の企業が，消費者行動や好みなど，あらゆる情報を迅速に把握しようと努力する例として，電気製品メーカー各社が毎年定期的に新入社員を全国の10%の総売上げを占める秋葉原の販売最前線に派遣し，彼らの日誌をもとに，東京マーケットが求めていることに関するあらゆる情報を，その会社のデザイナー，技術者，マーケティング部門の人びとに流す例をあげている。そして，新製品の売れ行きがよければ，すぐいっそうの市場強化をはかり，はずみのついた購買の維持に向けて製品シリーズをつくり，すみやかに市場拡大に向けて生産体制を整えるやり方に，驚異の目を向けている。

　このようにみてみると，日本企業が，目の前にいる競争相手を仮想敵として，ほぼ類似した同質型戦略のもとで顧客に向けて現場レベルで激しい直接的競争対応行動をとり，それによって市場シェア拡大や売上げ増加をはかる姿が浮か

　び上がってくる。その点で，すぐそばに強力なライバルをもたない業界は，ラ
イバルが存在する業界に比べて相対的に成長性と活発さに欠ける傾向がある。

　ケネディ氏は，さらに，日本の企業活動の特色として，目の前の競争相手を
たたく方法としての，湯水のごとく繰り出すスピーディなモデルチェンジをあ
げている。たとえば，1982 年に始まったヤマハ対ホンダの闘いでは，1 年半の
間にホンダが 81 種，ヤマハが 34 種のニューモデルを生産した。結果的には，
モデル数で圧倒したホンダの営業がヤマハに圧勝した形になっている。

　日本企業の場合は，ある会社が一つの商品をヒットさせると類似の商品を他
社が続々と手がけたり，また自社の成功商品をシリーズ化させて需要維持をは
かったり，さらには，新規需要開拓のために表面的な差異をプロモートしなが
らシーズンごとにたくさんのブランドを上市することが多い。明らかに，矢継
ぎ早の新製品開発やモデルチェンジは営業活動上の優位性を引き出すための有
力な方法になっている。特に，市場ニーズが不確定であれば，数多くのモデル
を投入し，市場の反応をみながら，現場レベルで反応の高い方向に徐々に努力
を調整・シフトしていくやり方をとる。

　普段，われわれが意識せずに観察し，ビジネスの世界で当然のように行なっ
ている日常行動が，米国人ジャーナリストの目からみると不合理で不可思議に
みえる点はおもしろい。そう指摘されてみると，確かにこの日本的な方法は米
国的な視点からはきわめてユニークであろう。とりわけ，異常なまでのマーケ
ティング実行，つまり営業活動は，すさまじい日本型競争力の源泉とみられる
のかもしれない。

　以上のように，企業や事業の成長を，理念，戦略，実行という 3 つの系レベ
ルで捉えるとき，特に戦後の日本型成長は，戦略系を曖昧にしたまま，抽象度
の高い理念と現場における実行によって事業運営を進め，紆余曲折を経て，戦
略を事後的に浮かび上がらせていくという形をとってきた。事前の方向づけた
る戦略が不明確であるために，当初はいくつかの矛盾した短期の不合理な現場
の実行行動をとるが，その分，多様な方向代替案（つまり戦略案）を柔軟に探
ることができ，長期的にみると，あたかも事前合理的な成長行動であったかの
ような印象を強く与えるといえそうである。ここで，このような日本型成長メ

カニズムを「不合理の合理性」仮説として捉えたが，この仮説を傍証するいくつかの関連的命題が日本型経営方式としてこれまでに指摘されている。

　そこで以下において，その関連命題を簡単にレビューしたあと，なぜ，そのような「不合理の合理性」メカニズムで日本企業が成長を遂げることができたのか，さらに，そこに内在する現代的課題と対応はどのようなものであるかについて，明らかにしよう。

第3節　日本型成長の前提条件

1.　日本型成長についての関連命題

　長年にわたって，日本企業の行動様式は目的志向型というより手段志向型だと指摘されてきた。集団社会における横並び志向とも関連するが，日本企業の多くは，同業他社が革新的技術を取り入れたり，新たな設備投資をすると，負けじと同質的対応を行なう。たとえば，かつて，企業のコンピュータ導入がまだ珍しかった時期，当初は給与計算の労力代替しか用途が考えられなかった，文字どおり「計算機」の時代であるにもかかわらず，同業の数社が前後して一斉にコンピュータを導入した。あとになって，ただ先発導入の同業者に負けたくないという意地，あるいは後れをとるかもしれないという軽い恐怖感によるものだったという笑い話のような理由が明らかになった。しかし，そうしてコンピュータを導入した以上は何とかしてその投資を回収しなければならない。まだ経理の人件費のほうが安い時代であり，給与計算のみではとても元はとれない。その結果，購入後にその活用目的をあれこれ探ったのである。この例は，ある目的を達成する手段としてコンピュータを捉えたのではなく，別の理由で購入したコンピュータの目的を，事後的に探ったというプロセスを示している。

　類似の例で，かつて米国の生産政策研究の第一人者が日本の鉄鋼産業政策を解明しようと来日したときの話がある。その研究者は，ある時代に日本が世界一の鉄鋼王国になったのは，世界市場で鉄鋼がダブついているときに日本のみが連続鋳造方式という革新的な鉄鋼生産方式に積極投資した賜物だとみたのである。そこでその研究者は，なぜ日本の鉄鋼会社がこぞってその供給過剰の不況期に積極的な設備投資をしたのか探ろうと来日した。いろいろな分析仮説を

胸に秘め，ある鉄鋼会社の役員にインタビューした結果わかったことは，積極的に設備投資をしたもっとも大きな理由は，ただ同業他社に後れをとりたくないという動機，つまり他社がやるから自社もやらざるをえないという動機が強かったことだというのである。目先の競争に負けじと投資をした結果，厖大な供給量が生み出される。それを何とか処理するために，欧米市場に日本企業のライバル同士が果敢な売り込み競争を展開し，結果的に当時としては圧倒的なシェアを世界市場で確立したのである。

　このようにみると，日本企業の成長には，限られた市場内で目先の競争をライバル企業間で激しく行なうことから，まず同質的な革新や投資を積極的に進める。そのあとで多大な投資の別の用途を漸進的に探りながら次の発展へと結びつけていく，という行動様式が多くみられる。日本企業の成長が漸進主義（incrementalism）といわれるのと符合する[9]。

　前記の考え方をより明確にした命題は「資源の不可逆性」の概念である[10]。石井は，日本企業のマーケティング行動の特徴として，一度投入した経営資源を事業不採算の理由で容易に切り捨てることはせず，何とか新しい途を探るべく工夫する，と説明する。米国企業の多くは，事業ポートフォリオ分析に基づき，「負け犬」型事業からは撤退し，新しい「スター」事業や，将来性のある事業に資源を移行する。しかし，日本企業の多くは，たとえ「負け犬」型事業でもすぐに見切りをつけず，改善策や合理化策を講ずるとともに，投資した資源の何か別の活用方策を探ろうとする。成熟市場に属する低市場シェアの，いわゆる「負け犬」型事業で，日本企業は米国企業ほど採算性が悪くなく，容易に撤退しないことが指摘されている。

　「資源の不可逆性」という日本的特性は，一部，日本企業のもろさにつながることもある。鳥羽の論考[11]によると，『日経ビジネス』編集部が行なった日本企業の寿命[12]と，スタインが行なった米国企業盛衰の研究[13]を比較検討してみたとき，歴史的にみて，日本企業の多くが本業重視（つまり資源不可逆性）であるのに対し，米国企業のほうが本業転換的（つまり資源可逆的）だと指摘する。米国企業のほうが，積極的に本業以外に資源を移行してまったく別の企業に変身して生存をはかるのに対し，日本企業は本業中心（あるいは周辺）の資源展開をはかるのである。

このように，日本企業からは，基本的に本業周辺に経営資源を投資し，そこに投入した資源を何とか活用しながら次の成長を漸進的に探っていくという行動様式が読みとれるのである。主体的な戦略的立場から，リスクを負った独自方向をとり投資にかけるというより，目先の直接的環境に順応した曖昧な戦略のまま，まずスピーディな実行行動をとり，その中で，すでに蓄積した経営資源をベースとして新しい成長目的を柔軟に探り出し，最終的に合理的な長期成果に結びつけていくというスタイルをとるようである。

2. 日本型成長を支えた前提条件

　日本型成長方式がこれまでに示したように「不合理の合理性」の行動様式で説明できそうだとしたとき，では一体，なぜそのような方式で日本企業が高い市場成果と成功を得ることができたのであろうか。ここでは，主として，日本型成長方式を形づくった戦後から 1980 年代前半までの時期に注目し，第1に，外的環境としての高度経済成長の存在，第2に，内的環境としての同質的組織の存在，という面から説明してみよう。

(1) 高度経済成長
　曖昧な戦略でも現場の実行力で結果的に成長を手にし得た前提には，外的環境としての高度経済成長が存在したことが大きい。一般的に，市場全体が高度成長している段階の個別企業の最大の課題は，いかに販売の機会損失（いわゆる売り損じ）を防ぐかにある。なぜなら，市場全体が急速に伸びている状態はあたかも収穫物が目の前にぶら下がっている状態であるから，そんなときには，種まきにあたる戦略構築より，収穫活動にあたる営業活動のような実行行動のほうが，成長のために重要だからである。つまり，やるべきことははっきりわかっているのだから，何をすべきかという方向づけのための戦略など改めて考える必要はなく，もっぱら現場実行による収穫努力こそが重要なのである。

　日本経済は近代化以来，世界に類をみない高度成長を維持してきた希有の存在といってよい。明治以来，欧米諸国に追いつき追い越すための重工業投資や軍備拡大。第1次世界大戦前後の軍需景気やその後の戦勝国としての景気上昇。さらには第2次世界大戦の敗戦による荒廃からの復興と戦後の一貫した高度成

長。とりわけ，神武景気，岩戸景気，いざなぎ景気といった大型景気が，朝鮮動乱，東京オリンピック，万国博などのイベントを通じて維持され，常に世界に抜きんでた羨望の高度経済成長を実現した。これらの高度経済成長は，もちろんその担い手である企業の努力によってもたらされたものであるともいえるが，それ以前に，政府の経済運営の舵取り，たとえば富国強兵政策，所得倍増計画などが大きな貢献をしたことがあげられるし，同時に，欧米のあとを追っていた中進国日本が国際製品ライフサイクルの次の段階に工業製品の生産国として位置していたことなどが考えられる。政府主導による日本的経済成長方式を説明する「日本株式会社（Japan Inc.）」論，あるいは「幸運（luck）」説が主張された[14]のはこのためである。

　このような政府のガイダンスや歴史的幸運を大きな背景として，日本経済が恒常的な高度経済成長をつくり出していたときには，個々の企業は，勤勉で質の高い従業員に崇高な理念を吹き込み，従業員がその理念に裏打ちされた真面目な実行，たとえば猛烈で漏れのない営業・販売活動を行なうなら，目の前の収穫物を確実に手にすることができた。他社より早く売り込む実行力こそがすべてであり，売り込みのための無茶や不合理は最終的な成長結果の中ですべて解消・吸収されたのである。

(2) 組織同質性

　日本型成長を支えた第2の要因は，企業組織メンバーの同質性である。伝統的な日本人の価値観は真面目，勤勉であり，同時にその組織メンバーは，互いにツーと言えばカーと通ずる高密度のコミュニケーション能力をもっている。このような同質的組織の成長様式には，事前の明確な戦略的方向づけや説明など必要ない。組織メンバーは御輿の担ぎ手よろしく，各担当者が現場でワッショイワッショイと，互いに相手の意を汲みつつ，アメーバ型の関係調整で適切な方向づけを事後的につくるのである。

　かつて，エドワード・ホールは，コミュニケーションにおいて，共通する意味や文脈の蓄積が高い状態を「コンテクスト依存性」の高い文化と規定した[15]。日本の企業社会は，その意味でまさにハイ・コンテクスト依存社会といえる。たとえば，「例の件は例のようにうまく処理してくれ」とか，「あの問題はいつ

ものように」という具合に，実に曖昧な表現をしても当事者間では通じてしまう。日本と対比される米国では，コンテクスト依存性が低いために，コミュニケーションのメッセージを明瞭に文章化し，文書や戦略計画書などで論理的に説明・表現しなければ伝わらない。ところが日本企業の場合は，事前に明確な「戦略」を出さなくても，組織メンバーがその意図を暗黙的に理解し，それに従って各メンバーが互いの意を汲みながら調整的・関係的にうまく動いてくれるのである。

(3) 前提の崩壊と課題

　前記のように，高度経済成長が幸運を含めた多様な理由により外的に創出され，しかも運営主体である企業組織の同質性がかなり強く保たれていたときには，企業組織とそのメンバーを精神的に律する普遍性の高い理念で組織全体の意欲と勤勉性を引き出し，現場問題の解決を高密度な同質集団の自動調整にゆだねながら，次第にコンセンサスの高い方向に戦略として収斂させていくやり方は，適切だったといえよう。

　ところが，この日本型成長方式を支えた二大条件は1980年代を通じて次第に揺らぎはじめ，今日ではほとんど期待できなくなっている。具体的には，今日では，かつての高度経済成長が成熟安定経済へと変わり，また，組織メンバーの価値観も，仕事人間的なそれから，ゆとり志向に移りつつある。さらに，組織内では，かつて新人類・旧人類と揶揄されたように価値観の世代間ギャップが広がり，もはやツーと言ってもカーと通じないのが当たり前になっている。目の前の収穫物が少なくなり，組織メンバー間の価値共有化がなくなりつつあるなかで，従来の日本型成長方式は変容を迫られているのである。

3. 前提条件崩壊への一般的な対応──そのメリットとデメリット

　かつての日本型成長方式を支える前提条件が崩れつつあるとき，日本企業はどのように対応していくのであろうか。ごく常識的な図式は次のようになる。

　第1の方向は，戦略の強化。かつての高度経済成長と組織同質性という前提があるなら，戦略は曖昧でも欠如していても，市場現場での実行行動のみで成長を支えることができる。しかしその前提が崩れるなら，事前に明確な戦略を

確定し，その戦略的方向づけで組織の実行を律する必要が生じる。この戦略の強化とは，具体的に市場需要，競争構造，流通システムを分析し，その環境分析から論理的に導かれた新しい機会に自社の経営資源の強みを重ねる方法をとることである。このようにしてつくられる戦略は，論理的，分析的なるがゆえに組織メンバーに対する説得性があり，メンバーの納得ずくの実行活力で成功の確率を上げていくことができる。

　もう一つの方向は，戦略の強化より，組織実行力の再生にかける途である。というのは，戦略そのものをあまり分析的に練り上げてみたところで，それが組織メンバーの共感を得られるものでなければ，所詮，絵に描いた餅であるにすぎないからである。組織論者から「分析麻痺症候群」と呼ばれたように，一部のスタッフによる分析遊びの結果としての戦略では困るというのである。米国のエクセレント・カンパニー論[16]で現場実行主義の重要性が流行した背景もあり，戦略そのものの強化より，むしろ日本企業の本来的強みである組織実行力を再強化するほうがベターではないかとする考え方である。具体的には，従来のような組織同質性が失われたことにより，組織メンバーの価値ベクトルがバラバラになり，現場レベルでの濃密なコミュニケーションによる微調整がききにくくなっている。そこで，QCサークル，コーポレート・アイデンティティ（CI）運動を導入して，組織文化の再構築をはかろうとする。あるいは，理念の唱和，社内運動会，社内イベントなどの多様なビジネス儀式を組織内に取り込み，組織の価値ベクトルの統合化や価値共有化をはかろうとする。これらの努力はすべて，人為的な組織実行力再生の試みといえよう。

　戦略力の強化シナリオも，組織実行力の再生シナリオも，確かに，日本企業のこれからの課題としてともに重要で有効な方法である。しかし，前者の戦略強化は，ときとして日本型成長方式の強みとしていた現場における臨機応変で柔軟な実行力をそいでしまうこともある。かつて米国の戦略計画が抱えたジレンマである。また，後者の人為的な価値ベクトルの統合化や共有化による実行力の強化は，時間の経過に従い再び緊張が低下し，繰り返し莫大なエネルギーを使ってCI運動やTQC活動などの組織価値のベクトル合わせをしなければならない。その都度，多大な時間と労力とコストをかける必要がある。

　それぞれの対応方法にメリットとデメリットがあるとすれば，企業は，自ら

の置かれている環境状況と自社特性を踏まえて，戦略強化か組織実行力強化かを選択的に決めることも可能である。しかし，この2つはもともとオール・オア・ナッシングの議論ではなく，ともにかなりの程度，強化しなければならない原則的，一般的なテーマでもある。だとすれば，双方の強化の前提として，日本型成長行動に，より適合した優先課題を考えてみることは無駄ではない。

　新たな日本型成長のあり方として考えられるのは，結論を先取りしていえば，一つは，同じ戦略の強化でも従来のような分析中心の硬い戦略ではなく，より理念に近い「柔らかい戦略」の明示，またもう一つは，組織実行力の再生も単なる精神論的な強化の模索ではなく，メリハリのきいた戦略的実行力の強化であると思われる。そこで，以下において簡単にその理由を述べておこう。

4．日本型成長の課題と挑戦
(1)　柔らかい戦略

　日本型成長行動のこれまでの特性を生かしながら新しい時代に適合するより現実的な一つの対応方法は，「柔らかい戦略」づくりにある。日本型事業運営の実情に照らしてみたとき，先に指摘した米国流の戦略力の強化にみられる「硬い戦略」として進めるのはあまり適切ではない。

　柔らかい戦略と硬い戦略の違いは，後者が「厳密かつ詳細な分析的戦略で実行行動に厳格なタガをはめる戦略」であるのに対し，前者は「アバウトな方向を示し，詳細で厳密な指示で実行力の柔軟性を束縛することのない戦略」といえる。硬い戦略の場合，トップダウン方式による戦略市場計画やポートフォリオ戦略，さらには財務主導型戦略計画が中心となるが，柔らかい戦略は将来方向を示す構想提示型で行なわれる。この点で柔らかい戦略は，図1-2 に示されるように，理念，戦略，実行の三位一体の行動セットのうち，理念と戦略の中間に位置するものといえる。換言すれば，柔らかい戦略とは，「理念に近い戦略」ないし「ビジョンやミッションによる戦略的方向づけ」と考えることもできる。

　改めてこれまでの日本企業の理念をみてみると，すでに指摘したように，きわめて抽象度が高く普遍的な哲学を述べたものが多い。誠実，和，協調，革新，社会奉仕，顧客第一主義等々の理念は，特定の企業の特定の方向づけを示すも

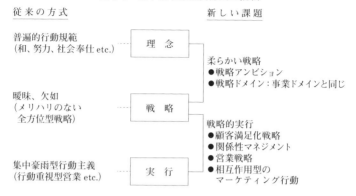

図1-2　日本型事業運営方式の挑戦

のではなく，組織内部に向けた人間一般，組織一般の行動規範に近い。したがって，これらは，この行動規範に従って，懸命に努力する実行行動の担い手への精神的支柱にはなりうるが，組織として外に向けて具体的に何をどうすべきかという方向はこれらによってはわからない。それゆえに，方向づけを与えるような戦略色の強い理念やビジョンが，ここでいう柔らかい戦略ともいえるのである。

　この柔らかい戦略が策定されていると，大枠的な方向づけができるため，戦略欠如の状態に比べて実行レベルの組織ベクトルがはるかに合いやすい。しかも，この方向は厳格に現場を縛らないから，日本企業が本来もつ，現場レベルの創意工夫に富んだ柔軟な活力はかなり維持される。

　柔らかい戦略の具体的展開は，第1に戦略アンビション（ambition）の策定，第2に戦略ドメインの設定である。戦略アンビションの策定とは，将来の成長・発展に向けて組織がその大志（アンビション）を大きく方向づけることである。そこでは，従来のような単なる行動規範としての理念を越えて，より挑戦的，野心的な努力目標の大枠が決められる。また，戦略ドメインの設定とは，組織がその独自の能力によって顕在的，潜在的に持続的競争優位を築き得る範囲に，顧客層とそのニーズ対象を確定することである。この戦略アンビションと戦略ドメインについては，第3節において具体例を含めながら，改めてそのあり方が示される。

(2)　戦略的実行

　戦略アンビションの確立と戦略ドメインの構築によって柔らかな戦略の大枠
ができあがれば，市場における柔軟な実行への方向づけが，異質の価値観をも
つ組織メンバー間でもかなり理解されやすくなる。そこで，その大枠的方向に
そって，自由闊達に現場の実行行動がなされることになる。

　ところが，ガソリンスタンドや車販売の例が示しているように，これまでの
日本の市場実行行動のあり方は，豊富な人的資源とその高い勤勉意欲や質的優
秀性に依存し，集中豪雨型の，自主的および猛烈型の営業活動として遂行され
てきた。確かに，この方法は，欧米諸国の方式では太刀打ちできない日本型競
争優位のやり方であろう。しかし，国際化が常態となり，従来とは異質の価値
観をもつ人間で組織をつくり，しかも人的資源コストも大きく上昇しつつある
現代の日本社会にあっては，これまでのように質の高い労働力を豊富に集める
ことは，ほとんど困難になりつつある。とすれば，今後の実行面を強化するた
めには，日本的な従来の強みを改めて洗い直したうえで，現代的状況に適応し
た実行スタイルに再編しなければならない。

　おそらく，先の柔らかい戦略と並んで，実行上の大きな課題は，従来の集中
豪雨型の人海戦術的実行に代わり，よりメリハリのきいた「戦略発想」を取り
込むことである。これが，図1-2 に示されるように，事業運営上の3つの系レ
ベルのうち，戦略と実行の中間に位置する「戦略的実行」ということになる。

　この具体的な展開は，従来の日本型成長方式に内在しながら，かつて米国に
おける産学での注目によって脚光を浴びるようになったマーケティングの諸概
念によって示される。第1は，社会的責任を含めた顧客満足のための実行をい
かに戦略的に推進するか，第2は，より長期的な顧客満足の証としての関係性
構築をどのように考えていくべきか，第3は，マーケティング実行力たる従来
の集中豪雨型の営業競争力のあり方をどのように方向づけてマーケティング戦
略的に取り組むべきか。さらに，日本企業がこれまで行なってきた運営方式の
実践をマーケティング課題に対応させ，売り手企業と買い手顧客間の相互作用
（インタラクション）を中心に，いくつかの重要な主要概念が確認される。この
動きを大きく「インタラクティブ・マーケティング」と捉えてみると，その性
格，プロセス，課題内容が，現代マーケティングの普遍的方法となりうる素地

を色濃く備えている。

　理念，戦略，実行を系とする事業運営の視点からみると，戦後の日本企業の成長様式は，戦略面を曖昧にしたまま，崇高な行動規範型理念と短期集中型実行とで成果をあげるという方式であった。

　戦後の日本型成長方式としての「不合理の合理性」様式を可能にした基本条件は，高度経済成長と組織同質性であったが，今日，この前提条件は崩れ，新しい対応が求められている。これまでの日本型成長を支えた特性を踏まえつつも，さらにそれを越えて目指すべきは，分析型戦略によって方向づけを強化することでも，もう一度同質型実行組織を再生することでもない。むしろ，マーケティング実行者が市場の偶発的動向に柔軟かつ臨機応変に対応し，利害者の関係を調整しながら新しい価値を顧客とともに発見・創造していくことであろう。

　次節では，柔らかい戦略を構成する戦略アンビションと戦略ドメインについて検討することにしよう。

第4節　戦略アンビションの確立

1.　一般的理念の限界

　理念と呼ばれる経営システム要素の範囲はもともと曖昧であるが，日本企業のかつての理念は抽象度がきわめて高く，企業組織の哲学や生き方を普遍的に表現したものが多い。たとえば，三愛の理念にみる「人を愛し，国を愛し，勤めを愛する」などは，組織の生き方に関わる哲学である。また，誠実，和，協調，革新，社会奉仕，顧客第一主義，等々の理念は，多くの日本企業の理念としてこれまでに強調されたものであるが，特定の企業の特定の方向づけを示すものではなく，むしろ組織内部に向けて人間一般ないし組織一般の行動規範を示したものである。確かにこれらの行動規範は，それに従って組織全体と組織内個人が日々の仕事をするうえでの精神的な支柱にはなりうるが，企業組織として今後何をどのようにすべきかという未来への具体的方向への示唆にはなりにくい。それゆえに，将来方向へのアイデアを与えるような戦略性の強いビジョン型構想が，ここでいう柔らかい戦略ともいえるのである。

　この柔らかい戦略による大枠的方向づけができると，現場で実行を担う人びとの価値ベクトルは，戦略が不明確なうえに理念の抽象度が高すぎる場合に比べて，はるかに統合しやすくなる。しかも，この方向は厳格に現場での実行を細部にわたって縛ることがないので，日本企業が本来もつ現場実行力の柔軟な適応性や創意工夫はかなり維持されることになる。

2．戦略アンビションとその性格

　では，このような柔らかい戦略は具体的にどのような形でつくったらよいのであろうか。

　柔らかい戦略のための第1の課題は，戦略アンビション（strategic ambition）の設定である。アンビションとは一般に野心，野望とも訳されるが，かつて，札幌農学校を去るクラーク博士が日本農業の未来を託す意味で若い学徒に向かって言った「少年よ大志を抱け（Boys, be ambitious!）」とほぼ同意の「大志」である。

　かつて，ハーバード大学ビジネス・スクールのレビットは，多くの企業が頭上に垂れこめた暗雲をみて自分たちの業界の先行きは暗いと悲観的に捉える傾向を批判し，実はすぐ頭上の暗雲のその上には無限のブルースカイが常にあるものだという「ブルースカイ・アプローチ」の必要性を訴えた。レビットの指摘にそって言えば，目先の暗雲にとらわれることなく，その上に無限に広がる未来のブルースカイに自分たちの大胆な夢や意図や意欲をダイナミックに描くことこそ，戦略アンビションと言ってよい。

　一般に企業は未来の成長を目指して行動するが，成長企業と衰退企業の大きな差の一つとしてこのアンビションの有無は大きく作用している。ハメルとプラハラード[17]は，後発で市場に参入して世界的リーダーシップを握った経営者の中に用心深く慎重すぎる人物は滅多にいなかったと説明したあとで，撤退企業の研究で常に発見できる点は「理由のいかんにかかわらずその経営者たちに経営計画や既存の資源の範囲を越えた目標，つまり大胆な目標へ挑戦しようとする意欲のないことだ」と指摘する。野心や大志のない保守的な目標は，イノベーションへの刺激や情熱を引き出すことがなく，効果的な未来の方向性を組織に与えることもないというのである。

　戦略アンビションが成長への革新意欲，情熱，行動意図，夢づくりといった意味をもつとすれば，そのアンビションの性格は次の4つの特性を具備したものとなる[18]。第1は，遠大で大胆な挑戦に値するだけの「規模（スケール）」が備わっていること。第2は，組織の実行者を鼓舞するだけの「実体」をともなっていること。特に，日々の仕事に高い意味と目的を提供しうるような実体性は従業員や組織を動かすのに有効である。第3は，将来に向けて強みを生かしながら広がる可能性を示す「範囲」を有することである。グローバル化や多角化を含めた，未来事業の成長機会や対象を描くことは，アンビションを実りあるものにするために重要である。第4は，過去と未来を結ぶ「歴史性」を具備すること。変化の時代において過去の遺産をすべて残すことは企業の存続を危うくするが，さりとてすべてを捨てることも非現実的である。過去から未来への有効な継続性をいかにつくるかが，現実的なアンビション構築にとっての課題となる。

3. なぜ「戦略」なのか

　戦略アンビションは，一部，理念に近いが，従来のような普遍性の高い組織や人間の一般行動規範や組織哲学とは違い，より挑戦的，野心的な未来への努力目標と方向を示す意味で，まさに戦略的である。そこで改めて，ここでいう「戦略」という言葉の意味を確認しておこう。

　戦略という言葉には，第1に選択性の意味が含まれている。つまり，未来方向の代替案について，あれもこれもという形で良い案をすべて取り上げるというのは戦略ではなく，ある特定の方向案を選択するのである。ただ，戦略に含意される選択の場合，悪い代替案を捨てて良い代替案を選ぶということは滅多になく，ほとんどの場合，すべての良い代替案のなかから特定の良い代替案を選ぶということになる。なぜなら，検討対象として議論される代替案はすべてそれなりの可能性があるからこそ戦略候補になっているのであり，明らかにだめな案はそれ以前に落とされているのが普通だからである。とすれば，すべての良い代替案のなかから特定の案を不確実な未来に向けて選ぶ行為には，必然的に，他の良い代替案を捨て去るリスクがある。しかし，有限の経営資源をインパクト高く，選択集中的に投資することから生じるこのリスクは，不可避的

なものであり，それゆえに「良き戦略は適度のリスクをもつもの」といわれるのである。

　戦略が有する第2の含意は，競争優位性である。つまり，未来の方向性に対しては，自らがもつ経営資源の競争優位性を未来機会の魅力にうまく適合させることこそ重要になる。近年の競争観では，戦争のように競争相手を直接たたくより，顕在的，潜在的な顧客満足を通じて競争相手を上回る顧客創造や企業成長を成し遂げることがより重視され，そのため，持続性のある競争優位が常に戦略の中核となる。そして，そのためには現在の経営資源のポジションに応じ，小は小なりの，大は大なりの競争優位の方法を構築すべきとされるのである[19]。

　第3の戦略の含意は，投資発想である。もし戦略をコストの問題とみて，その収支効果を同時に狙おうとすれば，戦略は日常業務延長型になり，新しい成長ステップへのインパクトはなくなってしまう。その点で，戦略は今日の糧より明日の糧を求める未来方向の革新的行為への投資であるといえる。それゆえに，「損して得とれ」といわれるように，まず経営資源を投じ，健全な赤字の期間のあとに，大きな効果を回収するという投資発想が求められるのである。

4.　戦略アンビションの具体例

　戦略アンビションが，規模，実体，範囲，歴史性を具備するアンビション性と，選択性，競争優位性，投資発想を有する戦略性とからなると確認したいま，では具体的にどのようなものが戦略的アンビションなのか，具体例でみてみよう。

●キヤノン

　ハメルとプラハラードは，近年の戦略的意図[20]の明確化によって新しい成長段階をつくった代表的企業例として，複写機事業におけるキヤノンと，乗用車分野のホンダを取り上げている。たとえば，キヤノンの場合，カメラや光学技術をベースに複写機事業に新たに参入したとき，全世界の市場ではゼロックスがその代名詞といわれたほどに圧倒的かつ独占的な存在であった。当時のそのような状況下でキヤノンが打ち出したアンビションが「ゼロックス打倒」であ

る。複写機のコア技術のゼログラフィの特許をもち，100％のシェアをもっていたゼロックスを打倒するというこの目的がいかに野心的であったかは容易に想像できるが，この明確でわかりやすい目的に向け同社はその攻撃的組織カルチャーを鼓舞し，組織メンバーの意志や価値観を同調させ，今日，売上げ台数でゼロックスを大きく上回る成果を達成したと考えられている。

●ホンダ

　ホンダの場合，そのアンビションは「第二のフォードに」というものだったという。ホンダが二輪車のオートバイから本格的な四輪の乗用車に進出しようとした当時，国産自動車メーカーの過当競争を理由に通産省から進出断念の勧告を受けたといわれている。しかし，本田宗一郎氏はあえて自分たちの長年の夢の実現に向け乗用車分野への進出を決定する。このとき掲げた大志が，この世に大衆車をもたらしたあのフォードの創業にならおうというものであった。小型オートバイの経験しかないホンダが当時の輝ける存在であったフォードに倣おうとしたことがいかに野心的であるかは，述べるまでもない。しかしそれゆえにこそ，今日のホンダの地位が得られたといえるのである。

●その他の革新的企業

　結果論かもしれないが，洋の東西を問わず大きな飛躍を遂げた企業や新しい時代の中で一大企業となった事業は，いずれも未来を洞察した大志を明示している。従来の運送業界の論理を捨て「顧客サービス業」として翌日配送，地帯均一料金，運びにくいものもすぐ運ぶという顧客論理に立って宅急便をつくったヤマト運輸もその一例である。病院の常識を捨て，徹底して患者の常識に立ち新しい患者本位の病院のモデルとなった長野県の篠ノ井総合病院や青梅慶友病院もその例といえよう。機械部品の販売商社から脱し，合理的につくられたカタログと流通改革を通じて，販売のための営業部をまったくもたない「購買代理業」として新しい地位を築いたミスミもその例であろう。さらに，夢とファンタジーを提供するテーマパークのディズニーランド等々，企業レベルの戦略アンビションにはいくつかの好例が存在している。

　これらの戦略アンビションの成功例に共通しているのは，そのアンビション

を創造・持続・発展させ，伝達する，強力なリーダーが常に存在していること。その中身が，戦略とアンビションのもつべき先に掲げた要件を具備していること。さらに，それが組織内部のみならず社会からも共感をもって理解されるような単純明快性を有している（特に「モットー」，「テーマ」，「論」の形で説明しうる）こと，である。

5.　戦略アンビションの組織的効用

　ミッションやビジョンなどと同じように，戦略アンビションは組織メンバーを一つの方向に向かわせる精神的な支柱である。この戦略アンビションは，結果的に組織に働く人びとにその活動の意味づけを与え，働く喜びをつくることによって組織をビビッドにする。ややできすぎたストーリーであるが，ヤン・カールソンによる次のような話には説得力がある[21]。

　ある二人の石切工が夏の炎天下で一心に石を切っている。そのうちの一人は朝からかかってまだ切れない硬い石に手こずりながら，その作業に対し一日中不平不満を言い続けている。ところがもう一人の石切工はまったく同じ条件の中で喜々として硬い石に向かって作業をしている。なぜそんなに嬉しそうに困難な石切りをしているのかと問われた当人は，「自分の手で切ったこの石が目の前の大聖堂の礎石になることを思うと，こんなに誇らしいことはない」と答えた。

　この挿話が示していることは，大聖堂があることによってこの石切工にとっては同じ労働作業が喜びになっているということである。石を切るという目的のために石を切る作業は，石が硬くて切れにくいほど不満を生み出すが，自分の手で切った石が大聖堂の礎石となるのだと考えると，その作業が喜びになる。まさに大聖堂による仕事や行為の意味づけである。
　戦略アンビションとは，一つの事業に対して多様な価値観をもつ人たちが一丸となって働くための夢や思いや志を戦略的に意味づけるもので，いわば石切工にとっての「大聖堂」である。したがって，この戦略アンビションを明示することによって，そこに働く人びとが働く意義や意味を確認し，そのことによ

って組織メンバー全体の満足度を上げていくことが期待されるのである。

第5節　戦略ドメインの構築

1.　戦略ドメインの意味

　戦略アンビションがつくられたら，その方向に向かって自らの戦略ドメイン（生存領域）を築くのが柔らかい戦略の次のステップとなる[22]。戦略ドメインとは，戦略アンビションのもとで，どのような対象層（Who）の，どんな将来有望ニーズ（What）に，いかに（How），自らの競争優位の「場」を築くか，ということである。

　この戦略ドメインの構築で企業は特定有力顧客との強固な関係を構築し，経営資源の有効な選択的投下の大枠を決定する。たとえば，かつて日本電気が21世紀に向けた飛躍のベースとして「情報と通信の融合」という構想ないしアンビションのもとで，同社の蓄積した通信用コンピュータのハードとソフトを基礎にコミュニケーション問題（ニーズ）の解決主体として自らを位置づけた「コンピュータ・アンド・コミュニケーション（C&C）」は，戦略ドメインの代表的な具体例といえよう。そのほか，1980年代初頭，「企業市民論」構想のアンビションをベースに，ドメインとして「遊休知美」分野に絞り込んでその具体的な対応策を打ち出した西武百貨店の例もある。

　戦略ドメインは，基本的に，現場実行者を細部にわたってコントロールするものではなく，ゆるやかな方向づけをしながら成長や発展の「場」を発見・確認するものである。そのために企業は，持続的競争優位を発揮し得る独自能力を確認し，それを市場を構成する需要者とそのニーズに合わせるようにして，ドメインの構築を行なうのである。

2.　戦略ドメインの範囲

　戦略ドメインの範囲は，顕在的，潜在的な持続的競争優位の及びうる範囲である。一般的にいえば，ドメインをユニークに絞れば絞るほど，そのドメイン内での競争優位性は高まり，収益性向上の可能性が高まる。しかし，その反面で需要総量が小さくなるため，潜在成長率や市場シェアの拡大はあきらめなけ

ればならない。それゆえ，戦略ドメインはまた，戦略アンビションや目標の大きさ，企業の組織文化や経営者の価値観（たとえば野心的経営者か保守的経営者かなど）によってもその範囲は広がったり狭められたりする。

　戦略ドメインは「事業コンセプトの明確化」のうえに「競争優位概念」を加味したものと考えられる。高度成長期には，たとえば化粧品メーカーが自らの事業コンセプトを「美と希望を売る会社」と規定したり，薬品メーカーが「健康産業」と規定することによって，より永続的な成長を目指そうとした。しかし，今日ではただ漠然とニーズに対応した事業コンセプトを設定しただけでは厳しい競争に勝つことはできない。それゆえ，戦略ドメインには「必要条件としてのニーズ対応」（つまり一般的にいう事業コンセプト）と同時に「十分条件としての競争優位」が求められる。たとえば，同じ"美や希望を売る"化粧品メーカーの中でも，大手メーカーと中小メーカーとでは競争優位の条件が異なるため，リーダー企業，チャレンジャー企業，ニッチャー企業などによってその戦略ドメインは異なることになる[23]。その点でいえば，経営資源の量と質で競合他社を上回るリーダー企業の場合は，同質型競争をしても経営資源の規模で相手を圧倒できるから，戦略ドメインの範囲は広く，必然的に事業コンセプト（ニーズ中心の規定）に近似してこよう。しかし，逆に，経営資源が特殊で限定的なニッチャー企業の場合の戦略ドメインは，他の競合との棲み分け分野に限定された狭い範囲になってくる。

3.　戦略ドメインの方法

　戦略ドメインは企業や事業における戦略と実行の中核となるが，その具体的内容は市場環境と経営資源の対応方向のなかで柔らかく形成され，それによって組織，管理，実行，評価システムの統合的方向づけを行なう形で進められる。そこで，戦略ドメインが市場環境によってどのように適切に方向づけられ，その方向に経営資源をどのように反映させるのかを，戦略ドメインの形成として簡単に説明してみよう（図1-3）。

　戦略ドメインは，まず市場環境によって方向づけられる。この市場環境の主要要素は長期的にみれば需要と競争である。この場合，需要を示すものは，すでに述べたようにそれを構成する需要層（つまり顧客層）とニーズである。ま

図1-3　戦略ドメインの形成

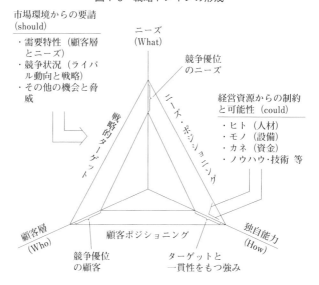

た，競争では競合他社との相対的な優位性が問題になる。したがって，需要と競争のダイナミズムによって構成される市場環境から方向づけられる戦略ドメインの最初の策定ステップは，まず，どのような市場ニーズ（What）とそのニーズを強く感ずる顧客層（Who）に競争優位的な境界設定を行なうかを，明らかにすることである。このことは，とりもなおさず，まず，誰に対し，何を，競争優位的に訴求していくのかという，「戦略的ターゲット」の策定化の問題になる。

　市場環境からこの戦略的ターゲットが確定されると，そのターゲットに自社経営資源の強みをどのように生かしながら対応すべきかということが問題になる。この戦略的ターゲットに適合する自社経営資源の強みを独自能力と規定すると，これは，いかに企業として対応するか（つまりHow）を示すことになる。

　以上の，ニーズ，顧客層，独自能力を統合化することで，はじめて戦略ドメインの形成が可能となる。つまり誰（Who）に，何（What）を，競争優位的に奉仕するのかという，戦略的ターゲットに加え，どのように（How），競争優位的に奉仕するのかという，戦略上のポジションができあがるのである。この一

貫性のあるセットの策定こそ戦略ドメインであるにほかならない。

　このように，企業が市場のなかで，誰に，何を，どのように，競争優位的に奉仕していくのかという戦略ドメインが明確になれば，それは環境から生かされた自社の競争優位性の地位を示すわけであるから，あとはその「正しく」設定された戦略ドメインを核に，組織構造，管理システム，評価システムという実行に関わる努力の統合的連動化をはかっていけばよいことになる。

4. 戦略ドメインの具体例

　いま，ある外食産業の会社を例にとって戦略ドメインがどのように策定されるかを具体的にみてみよう。すでに述べたように戦略ドメインを明確にするためには，基本的に，顧客ニーズの明確化，顧客市場層の明確化，対応独自能力の明確化という3つの軸の焦点合わせが必要になる。

　第1の顧客ニーズの明確化とは，外食業にある自社が，どのような顧客ニーズに奉仕すべきかを明らかにすることである。これは，既述のように，従来，事業コンセプトの明示化としていわれてきた点であり，たとえばレストランの場合，味を売るのか，雰囲気を売るのか，安らぎを売るのか，家族団らんの場を売るのか，迅速性と簡便性を売るのか……等々の明示化である。このニーズは時代とともに変わり，それに付随して競争構造が変わるため，競合他社よりベターに奉仕し得るニーズへの絞り込みをする必要がある。

　第2の顧客市場層の明確化は，市場細分化による対象顧客ターゲットの確定を意味する。競争上，自社のユニーク性が出せそうな市場細分化を行なうが，たとえば，商圏別に細分化したり，人口統計学的（性・年齢・所得・家族形態・職業別など）に細分化したり，価値観やライフスタイル別（保守型・革新型・享楽型ライフスタイルなど）に細分化したり，さらには利用頻度別（ヘビー，ライト，ノンユーザーなど）に細分化したりする。その中から，自社がもっとも狙いやすいターゲット顧客層を選択するのである。

　第3の対応独自能力の明確化とは，右記のニーズと顧客層とに，どのような自社の強みで対応するかである。たとえば，伝統とステイタスのイメージを生かそうとしたり，広告・宣伝のうまさを発揮する場合もあるし，あるいは他社が真似できないメニューや味で対応したり，管理システムの巧妙さで対応する

など，さまざまな可能性がある。これは，その企業の経営ノウハウや経営資源の洗い直しなどを通じて，競合他社に負けない対応力を明らかにする作業を必要としよう。

この3つの側面を一貫性のある形で明確にすれば，その企業の戦略ドメインは明確になる。たとえば，米国でユニークな発展を遂げた鉄板焼きレストランのベニハナ・オブ・トーキョーの場合[24]，顧客ニーズ（コンセプト）の明確化として，「食事のショーを売る」あるいは「食事の劇場」と規定し，顧客市場層として「都市に住むビジネスマン」を主要ターゲットとし，対応独自能力として「日本的なインテリア」や「鉄板（ヒバチ・テーブル）上でのシェフによるショーアップされた調理方法」などをつくり上げている。この3つの軸は，相互に一貫性のあるセットとなっており，戦略ドメインとしての適切性を示している。

同社の場合，その後，地方都市や郊外の定住人口層を狙った出店戦略をとり，業績を悪化させたが，それは，「食事のショーを売る」というニーズの特化と「定住人口層」という顧客層とが一貫しなかったためである。というのは，ショーは何回かみれば飽きるという性格があり，そのためには地方都市や郊外の定住人口層を狙うより，人口流動が激しい（つまり常に新しい顧客流入の可能性のある）都市部のビジネス客（接待や仲間との接触が多い層）のほうが，はるかに一貫性が高いからである。実際，ベニハナ・オブ・トーキョーで業績が悪化しているのは地方都市や郊外店であり，ニューヨークやシカゴの都市店はそれほどではないとされている。

あるいは，モスバーガー・チェーンを運営するモスフードサービスの場合[25]，ハンバーガー市場において，ニーズ（コンセプト）を軸として，「和風のおいしさ（味）」や「思いやりとまごころのサービス」を強調し，顧客層として，この味や思いやりが理解できるやや大人を対象とする。大手ハンバーガー・チェーンのマクドナルドやロッテリアが「標準的な味」と「子供やヤング」を中心対象とするのに対し，明らかに異なる戦略的ターゲットを設定する。また大手ハンバーガー・チェーンが一等地立地で，システムやマニュアルによるマス対象の科学的運営法で独自能力を発揮するのに対し，モスフードは，二，三等地立地で，個客を対象とする人間的運営法の独自性で対応する。二，三等地立

地は顔や名前が覚えやすく，ピープル・ビジネスとして柔軟かつ臨機応変に思いやりやまごころが提供しやすいため，戦略的ターゲットとの一貫性が高い能力対応となっているのである。

　以上に示したように，戦略ドメインは，基本的に何（What）を提供するかというニーズの側面，誰（Who）に奉仕するのかという顧客層の側面，どのように（How）対応するかという独自能力の側面を，各々明確にし，その3つの側面に一貫性と統合性を与えることによってはじめて形成されると考えられる。ドメイン設定においては，この3つ以外の軸を必要に応じて加えることも可能だが，他の軸はこの3つの統合軸を中心としてその延長に斉合的に付加される。各軸への絞り込み型は，すでに述べたように，一般には，競争が激しくなるほど，また経営資源の普遍的優位性が低いほど，狭くなる傾向がある。

第6節　まとめ

　戦略アンビションと戦略ドメインとで構成される柔らかい戦略が設定されれば，企業は現場の柔軟性と創意とを生かしうる大枠的方向が明らかになり，経営資源の有効活用も一段と向上する。また，そこに働く人びとも，この柔らかい方向づけで共通な価値ベクトルが合うようになると考えられる。

　日本型成長は，これまでに，この2つを暗黙的に想定し，そこに実行上のエネルギーを投入して高い業績をあげるという方法をとってきた。

　このうち，戦略ドメインのほうは，どちらかといえば，モスフードサービスがそうであるように，戦略アンビションによって市場に実行行動を投げかけ，その後，市場内の調整・相互作用を通じて事後的に形成されてきた側面がある。しかし，柔軟に設定される大枠的なドメインは，戦略アンビションに関連づけて事前に方向づけておいたほうが，外へのアイデンティティの確立と内への経営資源ベクトルの統合化に有効である。それゆえ，今後は，戦略アンビションと戦略ドメインをより明示的に設定することにより，現場の実行力を柔らかく方向づけることが求められているといえよう。

【注】

1 ）　ここでいう戦略グループとは，同一もしくは類似の戦略を採用していると位置づけられる企業群を指す。関連的議論については，M. E. ポーター（土岐坤他訳）『競争の戦略』（ダイヤモンド社，1982 年）を参照。

2 ）　Bonoma, T. V., *The Marketing Edge: Making Strategies Work*, Free Press, 1985 および Drucker, P. F., *Management: Tasks, Responsibilities, Practices*, Harper & Row, 1973 を参照。

3 ）　嶋口充輝『統合マーケティング』日本経済新聞社，1986 年。

4 ）　Drucker, P. F., *The Practice of Management*, Harper & Brothers, Publishers, 1954（野田一夫監修『現代の経営（上・下）』ダイヤモンド社，1978 年）.

5 ）　Kotler, P., et al., *The New Competition*, Prentice Hall, 1985（増岡信男訳『日米新競争時代を読む』東急エージェンシー，1986 年）.

6 ）　たとえば米国の National Science Foundation の統計データによると，GNP に占める研究開発費の比率は，1980 年代前半まで一貫して米国に比べて日本が低くなっている。

7 ）　リチャード・ケネディ「なんで日本がナンバー・ワンといわれるんだろう」『JMA ニュース』日本マーケティング協会，1989 年 9 月号。

8 ）　同上。

9 ）　加護野忠男・野中郁次郎・榊原清則・奥村昭博『日本企業の経営比較——戦略的環境適応の理論』日本経済新聞社，1983 年。

10）　石井淳蔵「マーケティング資源の不可逆性と開発のリズム」『ビジネス・レビュー』（一橋大学）Vol. 36, No. 2, 1989 年。

11）　鳥羽欽一郎「日本的経営神話の崩壊」『月刊知識』1986 年 8 月号。

12）　日経ビジネス編『会社の寿命』日本経済新聞社，1984 年。

13）　G. H. スタイン著，鳥羽欽一郎訳『生き残る会社・消える会社』TBS ブリタニカ，1986 年。

14）Kotler, P. and Fahey, L., "The World Champion Marketer; The Japanese," *The Journal of Business Strategy*, Vol. 3 No. 1, Summer 1982.

15）　Hall, E. T., *Beyond Culture*, Anchor Press, 1976（邦訳『文化を超えて』TBS ブリタニカ，1983 年）.

16）　Peters, T. J. and Waterman, R. H., *In Search of Excellence*, Harper & Row, 1982（大前研一訳『エクセレント・カンパニー』講談社，1985 年）.

17）　Hamel, G. and Prahalad, C. K., "Strategic Intent," *Harvard Business Review*, May-June 1989（邦訳「ストラテジック・インテント」『ダイヤモンド・ハーバード・ビジネス』1989 年 10-11 月号）.

18)　L. T. ペリー（恩蔵直人他訳）『攻撃戦略』ダイヤモンド社，1993 年。

19)　嶋口充輝・石井淳蔵『新版・現代マーケティング』有斐閣，1995 年，第 8 章「競争戦略と需要創造」を参照。

20)　Hamel, G. and Prahalad, C. K., op. cit.

21)　J. カールソン（堤猶二訳）『真実の瞬間』（ダイヤモンド社，1990 年）の中のエピソードをまとめたもの。

22)　戦略ドメインについての詳細は，嶋口充輝『戦略的マーケティングの論理』（誠文堂新光社，1983 年）および『統合マーケティング』（日本経済新聞社，1986 年）に詳しい。

23)　同上書参照。

24)　ハーバード大学ビジネス・スクール・ケース「ベニハナ・オブ・トーキョー」の分析より。

25)　慶應義塾大学ビジネス・スクール・ケース「株式会社モスフードサービス」より。

第2章
戦略の構築に関する実証研究の進め方
——感情要因に着目した小売店舗研究の事例を通して——

上原　聡

第1節　導入と検証段階に係る記述方法

　前章では企業の経営を方向づける戦略の日本における傾向と今後のあり方を理解した。

　本章においては，対象とする個々の市場・事業レベルで行われる実際の戦略構築に関わる実証研究とは一体どのように進められていくものなのか，研究に必要なプロセスに沿いながら記述する内容を具体的に示してみたい。

　ここではマーケティング戦略の中に「感情」という要因を主題に掲げた研究を取り上げ，その記述内容の一例を簡略化して記すことにする。仮に「感情に着目したマーケティング戦略の構築に関する一考察〜小売店舗を対象とした研究」をここでの研究タイトルとしておこう。

　研究に際して，まず明確にしておかなければならないのは，なぜ研究するのか，という問題設定とその設定されたテーマが研究を行うに値する価値をもつことの根拠，いわゆる研究の意義や研究目的の記述である。

　本章の例では，「問題の所在」という見出し項目の中で説明していく。

1. 導入段階：問題の所在（あるいは背景と研究意義・目的の提示）

　感情に着目したマーケティング戦略を構築するにあたり，前段階として次のような問題の所在に関わる記述例を示そう。

【問題の所在】の記述例

　本研究の目的は，感情的側面に焦点を絞ったアプローチを行うことを通して，実務的に有効なマーケティング戦略を提示することである。

　消費者の購買行動と感情との間には，いかなる関係性が存在するのであろうか。

　生活を営む過程の中で，人間は取り巻く状況に適応すべく行動を起こす。その適応行動には，反射的なものもあろうし，十分に熟考されて意思決定されるものもある。

　生来人間には感情というものが備わっており，この感情によって意思決定の内容や自身のとるべき行動が左右されることがある。しかしながら，感情が行動に影響を与えることは広く認識されているが，それは漠然とした認識であり実際にどのように作用するのか，そのメカニズムが一般的に十分に理解されているとはいえない。むしろ，現実的なレベルとして，討論の席上で激高時の感情的言動が窘められるように，ネガティブな意味で認識されている場合が多く見受けられる。ポジティブな認識のされ方としても，自身の気分が良いときに，当該事象とは全く無関係な案件を許容する傾向や他者に対する贈与行為がされ易いといった程度の認識に留まるだろう。

　感情は，精神療法や心理カウンセリングなどの専門的な医療領域においては早くから研究対象とされ，実践的な運用を行なう医学的治療では大きな成果をあげている。経営的側面からみた場合，今日の消費財の選択において，たとえば，雑貨用バックを選択する際，丈夫である，物を入れやすい，といったバックの実用的な機能以上に「形状がスイカと類似している」といったようなデザイン性で選択されることがある。最近の消費者の購買動向を観察すると，購買意欲を掻き立てるような魅力的な商品に対する評価が，「かわいい」「愛らしい」などの形容詞を中心とした感情語で表現されることが多い。

　また，商品レベルに限らず小売店舗において来店動機を聞かれた際に，価格面や利便性が動機となる一方で，その店舗空間に滞在している間に次第に気分が楽しくなるから，といった動機が増加傾向にある。

　このタイプの来店動機は，現在苦戦を強いられている百貨店や大型スーパーに代表される業態に対してはあまり該当せず，高業績を実現させている大型専

門店に代表される業態において該当する現象である。同様に，衝動買いのような非計画的購買に関しても，店舗内滞在中に徐々に気分が良くなり，つい購入してしまったという経験のある消費者は多いであろう。つまり，消費不況期を経て現在でも高い集客力を有する小売店舗においては感情要因から誘発される来店動機の比重が相対的に高まっている。

　こうした感情の存在が意識されるようになった背景として，感情の重要性を示唆する学術研究上の進展も大きな役割を果たしている。消費者行動を中心とした先行研究の流れの中で，たとえば消費者行動研究における従来の情報処理アプローチにおいてもモデルが改良されるなどの新たな試みが散見され，他にも感性の導入や経験面に着目した実務的視点による取り組みが確認できる。このような背景を踏まえると，全体的な研究の方向性として消費の経験側面および感情が重要視される傾向にあることがうかがえる。

　以上の理由から，商品差別化の困難となった成熟市場下において，消費者の感情を変数として操作することは明らかに企業にとって有効な差別化手段となることが認識される。ところが，感情的側面に立脚したマーケティングを実践しようとしてもその効果的な導入方法が見当たらない。感情という内面的な部分を扱うために，生理学的なデータの裏づけのある分析が最も望ましいが，それには高額な調査コストが必要となる。

　そこで心理学などの知見を応用することにより，生理学データに基づく分析に比べて精度は劣るものの，マーケティングに有効な方法論を提案することは可能である。この点が，マーケティング研究上の意義となる。

　実際に感情をマーケティング戦略における有効な変数として活用しようとする場合には，少なくとも次のような複数の項目が解決課題として浮上する。

(1) 感情の構造とはどのようなものか
(2) 感情はどのように機能するものか
(3) マーケティング戦略構築の実践において，どのような感情尺度を作成すべきか
(4) マーケティング戦略構築の実践において，どのような分析枠組みを適用

　　すべきか

　このように，解明が求められる諸課題も最初に明らかにしておくと良いだろ
う。

2.　検証段階：研究の位置づけと分析枠組みの構成および分析手順

　問題設定，研究の意義・目的を示した後，以降では，いわゆる先行研究につ
いて詳細な精査が行われることになる。本章の例ではテーマとして消費におけ
る感情の重要性を扱うため，感情心理学や社会心理学，あるいは文化人類学・
社会学（消費社会論）などの諸領域の中から関連する先行研究を整理し，そこ
から有用な知見を導出することが考えられる。また，主題となる概念について
の定義を示しておくことも忘れてはならない（ここでは「感情」の定義）。

　これらの過程を経て，いよいよ検証段階に入るのだが，そこでは先行研究の
整理から，今回行われる研究がどのような位置づけになるのかを明示化してお
くことは重要だ。

　分析枠組み，分析手順と合わせて，具体的な記述例を以下に示す。

【研究の位置づけ】の記述例

　感情を考慮したマーケティング戦略構築の実証研究を行っていくため，研究
で分析する対象を最初に確認しておきたい。先行研究のレビューを通して，感
情が考慮されたマーケティングの先行研究を大別すると次のように整理される。

　まず調査対象としての観点から，対象物が店舗レベルの研究と商品レベルの
研究との2つに分けられる。次に，考慮された感情の範囲の観点から，顧客満
足を考慮した研究と感情全般を考慮した研究との2つに分けられる。これらを
まとめた表記例が**表 2-1**である。

　この表の中で，顧客満足を考慮した研究（B）（D）は，すでにマーケティン
グ研究の中で一つのレゾンデートルを確立しているものである。今後の研究動
向としては，より精密化が要求される段階にある。これに対して，感情全般を
考慮した表中の（A）（C）については現在まだ試行段階の研究であると思われ，
今後の発展的な取り組みが急務となろう。

表 2-1　先行研究の分類と本研究の分析対象（表記例）

	感情全般を考慮した	顧客満足を考慮した研究
店　舗	(A) Donovan and Rossiter（1982） Baker et al.（1992） Sherman et al.（1997） Yoo et al.（1998） Mano（1999）　**本研究の対象**	(B) Babin et al.（1994） Dawson et al.（1990） Machleit et al.（2000）
商　品	(C) Schultz et al.（1989） Batra and Ahtola（1990） Crowley et al.（1992） Richins（1997）	(D) Gardner（1985） Manrai and Gardner（1991） Westbrook and Oliver（1991） Mano and Oliver（1993） Baumgartner（2002）

広義の感情研究

　これにより，本研究で実施する実証研究として，（A）もしくは（C）を選択することに研究の意義が見出される。感情という複雑な要素を取り扱う試行段階の研究であり，今回は（A）にカテゴライズされる実証を行う。小売店舗における感情全般を考慮した実証研究を行うことで，現在激動期を迎えている小売業界へ実務的に有効なマーケティング戦略を提示することが目的となる。

　以上のとおり，小売店舗と店舗内で生起する感情全般が分析対象として設定された。ここでさらに，対象とする小売店舗の範囲を決定しておこう。

　小売店舗といっても国内だけで実に多くの業種・業態が存在する。小売店舗を対象に感情を考慮して行われた先行研究では，調査を実施する小売店舗をあらかじめ指定している場合が多い。具体的には，複数の業態に渡って数十店を対象としたものから2〜3店に絞り込まれたものまで様々である。これによって，当該店舗に固有の結果を導出することが可能になる。また，店舗独自の特性には着目せず，生起した感情と反応行動との関係だけを分析した研究も多く，調査上の簡便さも店舗が指定された理由として挙げられる。

　しかしながら，本研究では刺激の特性にも着目した上で，合目的でない感情に立脚した店舗類型の一般化を期待している。そのため，全般的な特徴を柔軟に抽出することを意図し，あえて事前に特定せずに小売店舗全体を対象とする

図 2-1　修正版 Mehrabian-Russell モデル

出所：Donovan et al. (1994), p. 284.

ものである。但し，最低限，最寄品については排除したいと考えた。そのため
にスーパーマーケットとコンビニエンスストアを除いている。理由としては，
機能性志向が極端に高い小売店舗の場合，感情の生起が低水準に留まることが
予想されるためである。

　店舗を対象として感情が考慮された先行研究の多くが，その分析枠組みとし
ては図 2-1 に示した概念モデルに基づいている。この原型は，刺激反応（S-O-R）
モデルを改良し，生体部分（O）に従来の媒介変数である知覚概念と学習概念
に代わり，新たに快楽と覚醒からなる感情とドミナンス次元（各状況に対する
自己の可変自由度）を代入した Mehrabian and Russell（1974）である。

　この新しい刺激反応モデルからさらにドミナンス次元を除外して修正したも
のが，Donovan et al. (1994) で使用された修正版 Mehrabian-Russell モデルと
なる（以下では修正版 M-R モデルと呼ぶ）。ここでは，感情の生起に環境が与え
る刺激が影響し，感情状態は接近・回避などの反応行動に影響を与えることが
想定される。

　それでは今回の実証研究は，先行研究の中ではどのような研究として位置づ
けられるのであろうか。その点について図 2-2 のとおり，刺激反応から情報処
理を経て消費経験へと展開されてきた消費者行動研究におけるパラダイムの変
遷を通して説明する。

　消費者行動研究の系譜の中で，消費経験モデルの登場によって感情を考慮す
る研究の重要性が提起され，この消費経験モデルにおいては，このモデルが拠
り所とする方法論に立脚し，感情は定量的にではなく参与観察などの手段を通
して定性的に分析される。

　このために，客観性などの点において批判を受けるモデルではあるが，この
消費経験モデルによる感情研究を研究タイプＡと呼ぼう。

　次に，従来までの情報処理モデルの問題点を改良する流れの中で感情をモデ

図2-2　本研究で行う実証研究の位置づけ

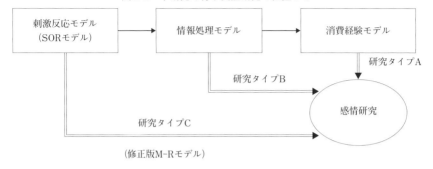

（修正版M-Rモデル）

ル内に組み込もうとする試みがある。ELM（精密化見込みモデル）に代表されるこのようなモデルを研究タイプBと呼ぶ。最後に，ベーシックな刺激反応モデルの中に感情を取り込んだ修正版 M-R モデルを研究タイプCとしよう。店舗を対象として感情が考慮された先行研究のすべてがこの研究タイプCに属するものである。一方の研究タイプBは，あくまでも情報処理プロセス内に感情を取り込んだモデル自体が新たに提示されている段階であり，店舗や商品を対象とした具体的な研究への適用は散見されていない。このように現在の実践的な研究に修正版 M-R モデルが選択される理由は，感情が複雑な要素であり，感情を導入する研究がまだ試行段階のために単純な構造が求められたからであろう。本研究は研究タイプCを参考としているため，ここに位置づけられる。

　研究の位置づけが確認されたので，検証段階の肝となる部分，今回の分析に使用する枠組みの構成，分析の手順を次に考えてみたい。具体的な記述例を示していこう。

【分析枠組みの構成】の記述例
　先行研究においては，いくつかの限定された小売店舗の実際の店頭において調査が実施された。ここでは，多数の学生調査員を動員し現場に配置させている。調査回答者は自身が知覚した店舗内での刺激，感情，反応行動について，質問票に記載された項目ごとに該当レベルを回答する。このデータから，刺

激－感情間もしくは感情－反応行動間の影響を分析することとなる。なお，測定するタイミングは研究によってさまざまである。

　このように実際の店頭において調査を行うのは，極力，刺激反応モデルに依存した心理学的な実験に近づけるためである。事実，生起した感情と反応行動との関係だけに注目した研究も多い。条件づけに代表される心理学的見地に立脚すれば，タイムラグを廃し，実際の店頭において調査を行うことが当然であろう。

　しかしながら，本研究の主要な目的は，感情的側面に焦点を絞ったアプローチを行うことを通して，実務的に有効なマーケティング戦略を提示することである。これより，本研究では店舗特性を広い意味での刺激として捉えた上で，感情に立脚した「小売店舗戦略」の一般化を試みたい。

　具体的に，実務的なインプリケーションを提示するためには小売店舗を知覚された同一感情状態ごとに類型化することが望ましいと考えた。百貨店や専門店といった小売業態や取扱商品の内容を超えて，感情を評価軸として分類できるからである。このため調査回答者から，好きな小売店舗内において生起すると知覚された感情状態の傾向を引き出す。同じ店舗ではあっても来店時に生起する感情状態が常に同じとは限らないために，傾向を聞くこととなる。

　そして，好まれる店舗特性や反応行動の傾向の特徴について，この類型化された店舗ごとの差異を明らかにしていく。この分析の枠組みは，先行研究にはなかった視点となる。これは先行研究においては，まだ感情の導入が試行された段階であり，マーケティング的な示唆の提示が主目的ではなかったことに起因する。この分析枠組みであれば，実際の店頭において調査を実施することは必須条件ではない。

　今回の研究は，消費者によって知覚された心理的変数を実際の店頭ではなく，別の場所にて想起した回答による実証研究として行う。

　なお，実際の店頭で調査が実施された先行研究においてさえ，感情状態への影響に関し，想定された刺激以外の諸要因による影響があることを否定できない。これらはあくまでも，用意された項目への回答に基づく尺度間の関係の分析であり，感情に影響を与える要因には同伴者や精神状態をはじめさまざまなコンテクストが影響を与えるためである。

図 2-3　本研究の分析枠組み

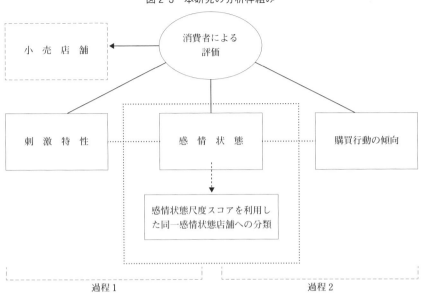

図 2-3 に先行研究の修正版 M-R モデルに基づいた本研究の分析枠組みの概要を示す。

　刺激尺度の名称については，小売店舗が提供する刺激であると同時に各店舗の特性を表すため，今回これを「刺激特性」と呼称しよう。また，調査回答者は好きな小売店舗を別の場所で想起して回答している。よって，反応行動は店頭調査のように，ある購買時点での 1 回の行動結果ではない。感情状態と同様に同じ店舗ではあっても来店ごとに行動結果には毎回差が生じてしまうのと同時に，反応行動には感情以外の様々な諸要因が影響する。この点を考慮し，平均値的な行動結果として，反応尺度の名称を「購買行動の傾向」とすることが適切と思われる。

　本研究は，あくまでも小売店舗を類型化する感情状態の尺度を基点に考え，感情水準別の特徴を探る対象として，感情との関係が仮定された刺激要因や反応要因を利用するのであり，S-O-R 間におけるリニアな因果関係を厳密に調査するものではない。

【分析の手順】の記述例

　それでは，図2-3の分析枠組みに従って進められる分析の手順を示そう。

　今回の分析手順を大別すると，①評価軸の確定，②小売店舗のグルーピング，③小売店舗グループ間の比較，の３段階に分かれる。

　スーパーマーケットとコンビニエンスストアを除いた小売店舗全体を対象に，調査回答者は個々に好きな小売店舗一つを具体的に記述し，その店舗に対して回答する。

　①の評価軸の確定では，感情状態尺度の中から小売店舗を類型化するために必要な評価軸となる具体的な下位尺度を抽出する。この下位尺度は，調査回答者がその店舗の来店時に生起すると知覚された感情状態の傾向から抽出される。

　この感情状態尺度を構成する下位尺度に基づき，②では小売店舗のグルーピングを行う。感情状態尺度の下位尺度ごとに算出されたスコアによって，調査回答者がそれぞれ記述した実在店舗を同一感情状態の店舗ごとに分類し，小売店舗のグループ化を図る。以降，この同一感情状態ごとに分類された店舗グループは頭文字をとってEFS（Equation Feeling Status）店舗グループと呼称する。

　小売店舗の同一感情状態ごとの類型化が完了すると，③の小売店舗グループ間の比較を実施する。このEPS店舗グループ間の比較は大きく２つのステップで行われる。まずはEFS店舗グループごとに知覚された好ましい刺激特性の特徴を調査するステップで，図2-3の過程１に相当する部分である。２つ目は，EFS店舗グループごとに店舗内における購買行動の傾向の特徴を調査するステップで，図2-3の過程２に相当する部分となる。

　以上の手順で進めるこの実証研究は，マーケティング戦略構築の可能性を導き出すことを主眼に置いた，あくまでも実務適用の試行段階として仮説的な提示を行うものである。

　分析の手順までが確定したら，分析枠組みに従って仮説を設定する。仮説の設定例をみてみよう。

【仮説の設定】例

　先行研究のレビューによって，刺激―感情―反応の関係においてある傾向が

うかがえる。これらの先行研究から導出された分析結果の中から共通する内容を要約すると，次の3つの傾向が検出される。

(1) 設備関連の刺激は，覚醒次元，快楽次元の双方にプラスの影響を与える
(2) 快楽次元は，支出にプラスの影響を与えると同時に非計画的な行動を促進する
(3) 覚醒次元は，消費時間にプラスの影響を与える

　このような傾向を踏まえ，以下において仮説を設定する。まずは，分類されたEFS店舗グループごとに知覚された好ましい刺激特性の特徴を調査するものである。図2-3の分析枠組みの過程1に相当し，これを仮説1「EFS店舗グループごとに，店舗の刺激特性の選好は異なる」とする。

　次は，分類されたEFS店舗グループごとに店舗内における購買行動の傾向の特徴を調査するものである。分析枠組みの過程2に相当し，これを仮説2としよう。

　　仮説2-1　購買計画性は，EFS店舗グループごとに異なる
　　仮説2-2　店内滞在時間は，EFS店舗グループごとに異なる
　　仮説2-3　購買金額は，EFS店舗グループごとに異なる
　　仮説2-4　来店頻度は，EFS店舗グループごとに異なる

　今回行う実証研究の主題はあくまでも，この仮説1と仮説2を検証することにある。

　また，プリミィティブな調査ではあるが，今回の調査回答者が同年代であることを有効活用し，同世代の男女間における単純な差異も補足的に確認しておこう。よって分析枠組みを構成する刺激特性，感情状態，購買行動の傾向のすべてについて検証し，仮説3とする。

　　仮説3-1　感情状態（覚醒・快楽）の水準は，性別により異なる
　　仮説3-2　店舗の刺激特性の選好は，性別により異なる
　　仮説3-3　購買計画性は，性別により異なる
　　仮説3-4　店内滞在時間は，性別により異なる
　　仮説3-5　購買金額は，性別により異なる
　　仮説3-6　来店頻度は，性別により異なる

　以上のとおり，今回の事例では最終的には大きく３つの仮説を設定している。
　そして，ここからは分析に使用する尺度を具体的に作成していく作業に入る。尺度の妥当性を検証したうえで，各尺度の項目を順次作成することになる。
　なお，これまでに店舗を対象として行われてきた先行研究の各下位尺度を整理し，それらをたとえば表 2-2, 2-3 のようにまとめ表記しておくとよいだろう。
　それでは，尺度の作成例（本事例では３つの尺度を想定）を示していく。

【尺度の作成】例
〈刺激特性尺度の作成〉

　店舗研究の中では，感情状態と反応行動の間の関係だけを扱った研究があるため，表 2-2 のように刺激が考慮された研究はそれほど多くはない。
　まずは店舗研究に使用される刺激尺度の妥当性について検証しておく。
　刺激の尺度に関して，雰囲気を刺激尺度として用いた Sherman et al.（1997）は，店舗が提供する実用的側面からの刺激をすべて排除している。この研究は，限定された刺激と感情の関係を調べたことになる。このように実用的側面を事前に排除してしまうことは実践的なインプリケーションの範囲も狭める。
　一方で，Yoo et al.（1998）は，これまでの感情を考慮しない店舗研究において広く利用されてきたオーソドックスな下位尺度を用いた。この下位尺度はストア・イメージとも近似し，Martineau（1957）がストア・イメージは機能的特性と心理的特性から構成されるとしたように，双方の特性が盛り込まれた尺度となる。これらが下位尺度として使用されたのは，この研究が店舗特性を刺激尺度として捉えているためである。そして，Donovan and Rossiter（1982）からは，環境が提供する情報負荷（information load）を刺激とする認知的な考え方が示される。
　Donovan と Rossiter による下位尺度の項目は，「親密（Familiar）－新奇（Novel）」「間隔（Sparse）－密集（Dense）」のような心理学的な内容のみで作成され，調査回答者は各項目の該当レベルを選択する。このため，各項目が具体的に店舗特性のどの部分に対応しているのかを理解し難いという欠点がある。これは，実践的なインプリケーションの提示を前提とした場合，マイナスとなる。たとえば，新奇性を感じるのが，店舗が提供する品揃えによるのか，商品陳列によ

表2-2　店舗研究に使用された下位尺度（刺激）

研究者	刺激尺度	刺激尺度を構成する下位尺度
Donovan and Rossiter（1982）	環境負荷	新奇性，多様性，不規則性，密度，大きさ
Sherman et al.（1997）	雰囲気	社会性（対人関連），周辺性（設備関連），デザイン，イメージ（良い－悪い，ポジティブ－ネガティブ）
Yoo et al.（1998）	店舗特性	品揃え（ブランドの多様性，人気商品や流行商品），価値（商品品質，適正な価格設定），ロケーション，施設，雰囲気（デザイン，照明，内装，音楽），販売員サービス，アフターサービス

表2-3　店舗研究に使用された下位尺度（感情／反応）

研究者	感情状態尺度の下位尺度	反応尺度の下位尺度
Donovan and Rossiter（1982）	快楽・覚醒・ドミナンス	接近－回避行動，感情，親密性，消費時間，非計画支出
Dawson et al.（1990）	快楽・覚醒	選好（満足度，再来店意図），購買の有無
Baker et al.（1992）	快楽・覚醒	購買意図
Swinyard（1993）	良いムード・悪いムード	購買意図（消費時間の延長，非計画支出）
Donovan et al.（1994）	快楽・覚醒	消費時間の延長，非計画支出
Babin et al.（1994）	快楽・覚醒	支出，消費時間，非計画支出，満足度
Sherman et al.（1997）	快楽・覚醒	購買品目数，消費時間，支出，選好（好き／嫌い）
Mano（1999）	退屈・苦悩（ネガティブ感情）	購買意図（消費時間の延長，非計画支出）
Yoo et al.（1998）	ポジティブな感情（6種類）ネガティブな感情（5種類）	店舗態度（好き／嫌い，良い／悪い）

るのかが不透明になる。

　ただし，この尺度の長所としては，下位尺度が抽象化されており，汎用度が高い点が挙げられる。これに対して，Yoo 等で使用された店舗特性は，従来の店舗研究には有効であるが，新たに感情状態を調査する刺激尺度としては適切ではない。この長所としては，一目で理解しやすい点が挙げられるが，感情にフォーカスした研究の尺度としては単純すぎるもので，今後改良の余地を残す。したがって，各々の長所を活かした新たな下位尺度が今後求められる。

　以上より本研究においては，Donovan and Rossiter（1982）と Yoo et al.（1998）の両尺度を独自に編纂し再構築したものを使用する。これは，①機能的特性と心理的特性による意図的な区分を行わない，②心理学的な実験の視点からではなく，具体的な店舗特性として刺激を考える，③下位尺度が抽象化され，汎用度の高いものを提示する，という3つの命題に基づくものとなる。抽象化からは実践的なインプリケーションへの貢献と同時に，先行研究ではみられなかった新しい下位尺度を発見することが期待できる。

　このような命題のもと，次のような段階を踏み進めていく。

（1）店舗が提供する広い意味での刺激として消費者が知覚している店舗特性の具体的な項目の洗い出しを行う

（2）洗い出された項目の中から今回の研究で使用する項目を一定条件のもとで選定する

（3）そのうえで，抽出された全項目を因子分析によっていくつかの下位尺度に集約する

　刺激特性尺度を作成するため，事前調査（第一次調査）として項目の洗い出しを実施した結果，27項目を抽出した。これらの項目は，刺激としての店舗特性を広範囲に捉え，深層面の特性にまで着目しているため，厳密な意味での心理学的な刺激項目の記述とは異なる（刺激特性尺度を構成する項目の詳細については表2-7（後述）を参照のこと）。

　この全27項目の変数によって刺激特性尺度を説明するものと仮定する。調査回答者に対しては，記述した各店舗の来店時に店舗のどの特性から好ましい刺激を受けていると感じるかを聞くこととなる。実際のアンケートでは，項目ごとに「非常に該当」「やや該当」「どちらでもない」「あまり該当せず」「全く該当せず」からなる5段階評価のいずれかを調査回答者は選択して回答している。

　具体的な項目の抽出方法は次のとおりである。

　事前調査（第一次調査）：刺激尺度の変数項目を抽出するための定性調査
　実施時期：●年●月●日〜●年●月●日
　調査手法：深層面接法（各々約2時間）
　調査回答者：比較的買い物好きな男女各5名（20〜25歳）

内容および留意点：できるだけ深層心理に踏み込んだ形でのインタビューを行い，小売店舗の提供する刺激としての店舗特性のうち，好ましいと思われる点を自由に挙げてもらう。ただし，小売店舗からスーパーマーケットとコンビニエンスストアは除外した。自由な回答の導出に専念し，面接をコントロールしない非構成型を採用している。この中から3人以上が挙げた項目を最終的に選定した。

〈感情状態尺度の作成〉
　マーケティングに感情を導入することを中核に捉える場合，感情状態の尺度に何を使用するかは重要なテーマとなる。表2-3からは，店舗研究において使用される感情状態尺度の下位尺度として，ポジティブ−ネガティブ感情も使用されてはいるものの，圧倒的に快楽と覚醒を利用した研究が多いことがうかがえる。ここから，快楽の追及は消費における根源的なものであり，消費に伴って生起する快楽感情は感情構造の中心として基本次元をなし，同時に覚醒水準の考慮も重要であることが確認できる。
　このように感情状態の尺度に関して，研究者によって多少の改良が見られるものの，圧倒的に快楽と覚醒を組み入れたPAD尺度の利用が多くみられる（たとえば，Lutz and Kakkar（1975）; Morris and McMullen（1994）; Barnes and Ward（1995））。
　なお，PAD尺度のドミナンス（D）次元についてRussell and Pratt（1980）は，この次元の実用的な効果は少ないとして，現在では尺度から除外される傾向にある。
　店舗研究に限定した場合，このPAD尺度の適用には少なからず批判的な立場も存在する。
　Machleit and Eroglu（2000）は，感情心理学で有名なIzard（1977）による10個の基本感情（ポジティブ感情＝2，ネガティブ感情＝7，中立感情＝1）やPlutchik（1980）による8個の基本感情（ポジティブ感情＝2，ネガティブ感情＝4，中立感情＝2）を利用した尺度が，PADよりも優位であると主張する。この理由として，Izardの基本感情は，他よりもネガティブ感情を多く含むため買い物経験に適することやPlutchikの基本感情が，期待や受容といったカテゴリー

を含むため対販売員の研究に有用であることを挙げる。

　結局は測定尺度に絶対的な指標はなく，感情状態の尺度として，快楽―覚醒とポジティブ―ネガティブの各状況に応じた選択が求められるのだろう。

　この尺度の決定に際し，Darden and Babin（1994）は，小売環境ごとに，店舗の果たす機能を踏まえて感情尺度を選定することの必要性を説く。たとえば，グローサリーストアやディスカウントストアのような機能やタスク志向の高い小売環境では，快楽も覚醒も低水準となり PAD 尺度は向かないこととなる。一方で，機能性志向の高い小売環境を意図的に除外している場合には，この点を懸念する必要はなくなる。また，単純にポジティブ‐ネガティブ次元を利用することには検討の余地があるとの立場から，PAD 尺度の優位性を唱えた Havlena and Holbrook（1986）もポジティブ‐ネガティブによる基本感情の構造を批判し，購買後の反応行動と相関させることが困難な点を挙げている。さらに，ポジティブ‐ネガティブ感情による複数の個別の感情を取り扱うことは，実務的なインプリケーションを提示するための類型化には不適切と思われる。一方で，快楽と覚醒による直交が仮定された下位尺度は類型化にそのまま利用することが可能となる利点をもつ。

　以上までの見解により，本研究では感情状態の尺度として PAD 尺度を利用する。ただし，ドミナンス次元に関しては先行研究に習い除外する。

　それでは，感情状態の下位尺度に関する項目を作成しよう。

　次に示す項目は，Mehrabian and Russell（1974）において実際に使用された項目である。

（a）［快楽（pleasure）項目］
　「happy‐unhappy：幸せになれる‐幸せになれない」
　「pleased‐annoyed：喜びがある‐いらいらする」
　「satisfied‐unsatisfied：満足できる‐満足できない」
　「contented‐melancholic：うれしくなる‐憂鬱になる」
　「hopeful‐despairing：有望である‐絶望である」
　「relaxed‐bored：くつろげる‐退屈である」
（b）［覚醒（arousal）項目］

「stimulated － relaxed：刺激を受ける － くつろげる」
「excited － calm：興奮する － 落ち着く」
「wide-awake － sleepy：目が覚める － 眠くなる」
「jittery － dull：過敏になる － 鈍感になる」
「frenzied － sluggish：活発になる － 活発にならない」
「aroused － unaroused：気持ちが高ぶる － 気持ちが高ぶらない」

　ここでは，快楽項目と覚醒項目のそれぞれ6項目で合計12項目が設定されている。本来ならこれをそのまま使用することも考えられるのであるが，英語表記の日本語表記への変換に伴うニュアンスの差異に関する問題が発生してしまう。これが特に，微妙な表現を伴う感情語であるため，日本語にすると意味が伝わらない項目があると思われた。20名へのヒアリングによる事前調査の結果，店舗内で生起する感情として，「hopeful － despairing：有望である － 絶望である」については回答に困るといった意見が全員から指摘された。また，「relaxed － bored：くつろげる － 退屈である」「frenzied － sluggish：活発になる － 活発にならない」「aroused － unaroused：気持ちが高ぶる － 気持ちが高ぶらない」は内容（ニュアンス）が他の項目と重複しているようで混乱するとの指摘を受けた。

　これを受けて，これらの合計4項目を削除し，合計8項目により感情状態尺度を作成することとした。なお，削除された項目は快楽項目と覚醒項目からそれぞれ2項目となる。

［感情状態尺度を構成する項目］
1.「楽しくない － 楽しい」2.「居心地が悪い － 居心地が良い」3.「満足できない － 満足できる」4.「憂鬱になる － うれしくなる」5.「くつろげる － 刺激を受ける」6.「落ち着く － 興奮する」7.「眠くなる － 目が覚める」8.「敏感にはならない － 敏感になる」という以上の全8項目の変数によって感情状態の下位尺度を説明するものと仮定する。

〈購買行動の傾向尺度の作成〉

　最後に反応としての購買行動の傾向に関する項目を作成していく。

　表2-3より共通項を抽出すると，計画性，時間，金額（支出）の3つが挙げられる。これらはいずれも，小売店舗における消費者の反応行動としては妥当なものと思われる。ただし，今回の調査では，先行研究とは異なり調査回答者の好きな1店舗について回答されている。したがって，調査回答者がその店舗に来店する回数も購買行動の傾向として考慮する価値があろう。

　結論として，来店頻度を加えた合計4項目によって，購買行動の傾向尺度を構成することとした。なお，購買行動の傾向を調査しているため，計画性については購買の事前計画性に限定する。これは次回の再購買における計画性の意図となる。今回購買の計画性に限定した理由は，非計画的な支出や滞在時間の延長の傾向に言及することは，想起による回答方法では無理があると考えたためである。

[購買行動の傾向尺度を構成する項目]
1. 「購買計画性」：その店舗に行く際，具体的な購買をどの程度事前に確定していますか？
2. 「店内滞在時間」：その店舗では，1回の買い物において，平均どの程度の時間を要しますか？
3. 「購買金額」：その店舗での1回の買い物における平均的な購買金額はどの程度ですか？
4. 「来店頻度」：その店舗には，1ヶ月に平均どれくらいの頻度で行きますか？

　以上の全4項目の変数によって購買行動の傾向尺度を説明するものと仮定する。

　今回は実証研究を進めるうえでの定性的な事前調査として，すでに述べたような刺激としての店舗特性の洗い出しを行った。

　これを受け，実証研究を進める上での本調査として，アンケートにより仮説を検証するためのデータの収集を行った。このアンケートで収集されたデータに基づき，第2節において統計的手法を用いて仮説を検証している。

図 2-4　本事例における分析手順の整理

実証研究に関する本調査（第二次調査）の調査概要を整理して以下に示す。

【調査方法】の記述例

本調査：マーケティング戦略の構築に必要なデータを収集するための定量調査

実施時期：●年●月●日〜●年●月●日

調査手法：アンケート（割当配布方式）

調査回答者：S 大学（男 102 名，女 75 名の合計 177 名）※有効回答数 177

アンケート内容は次のとおり。①好きな小売店舗の店舗名を一つ記述する。ただし，スーパーマーケットとコンビニエンスストアは除外する。②好きな小売店舗が提供する刺激の質問項目について，第一次調査で抽出した全 27 項目の刺激に対して好ましいと知覚されている該当レベルを回答する。③感情状態に関する質問項目では，全 8 項目の感情状態ごとに店舗内で生起する傾向を好きな店舗について回答する。この質問項目には，Mehrabian and Russell（1974）で使用された快楽次元と覚醒次元の項目をベースに，店舗を対象とした場合に調査回答者が理解しやすいように一部を修正したものを使用している。④購買行動の傾向に関する質問項目では，好きな店舗について全 4 項目の購買行動指標ごとに行動傾向を回答する。なお，②〜④におけるすべての質問項目は，5段階評価によるリッカート法によるものである。

これまでの分析手順の例をあらためて整理すると，図 2-4 のような 4 段階のフローとなる。

第 2 節　結論段階に係る記述方法
　　　　（分析結果とインプリケーションの提示）

1.　定量調査による分析結果の提示

　それでは，前節までに示した分析手順に沿う形で定量調査を行った分析結果
の提示例を以下で紹介しよう。ここでは省略するが，本来は調査のサンプル特
性・傾向を示しておくことはいうまでもない。

【評価軸の確定】（統計的妥当性も確認している。なお統計用語については関連図書
等を参照のこと。）
　小売店舗をグルーピングする評価軸を確定するための分析結果からみておく。
　まず好きな小売店舗に対して，感情状態尺度の 8 項目について因子分析（主
因子法，バリマックス回転）を行った結果，**表 2-4** のとおり 2 つの因子が抽出
された。
　これにより独立した 2 つの因子が抽出された（累積寄与率 52%，因子得点
間の相関係数 $r = .09$）。この表より，第 1 因子は「覚醒」に関係する下位尺度，
第 2 因子は「快楽」に関係する下位尺度であることがわかる。なお，累積寄与
率をみると約 52% であり，この 2 つの因子で感情状態を構成する要素の約 5
割が説明可能となる。やや数値が低いのが気にはなるが，感情状態を構成する
要素の多面性を考慮し，やむをえないものとみなす。
　また，信頼性に関して内的整合性を検討するために各下位尺度の α 係数を算
出した。その結果，第 1 因子に比べて第 2 因子は若干低いものの，2 つの因子
ともに α 係数は 0.83，0.64 と十分な数値を示している。修正済み項目合計相関
についても特に低い値や負の値はみられず，当該項目を除いた場合の α 係数の
変化値もすべて算出された α 係数以下であった。これより信頼性は確保された
と考えよう。
　今回は，この覚醒因子と快楽因子を評価軸として利用することで小売店舗の
グルーピングを実施する。

表 2-4　感情状態尺度の因子分析の結果

感情状態変数	第1因子	第2因子
興奮する—落ち着く	0.74	0.07
刺激を受ける—くつろげる	0.68	− 0.08
敏感になる—敏感にはならない	0.57	0.21
目が覚める—眠くなる	0.40	0.23
楽しい—楽しくない	0.21	0.68
うれしくなる—憂鬱になる	0.19	0.55
居心地が良い—居心地が悪い	− 0.06	0.49
満足できる—満足できない	0.08	0.46
固有値	2.54	1.59
累積寄与率（%）	31.73	51.55

【小売店舗グルーピング】

　感情状態尺度の因子分析によって獲得された覚醒因子得点と快楽因子得点によって散布図を描いてみると図 2-5 のようになった。多少のばらつきはあるものの，図中の上部において比較的均等に分布していることがわかる。上部に偏っているのは，今回は好きな小売店舗についての評価であったため，快楽因子得点が全体的に高くなったのであろう。これにより，各因子得点の平均値を境界の基準に利用して，覚醒次元と快楽次元をそれぞれ高水準と低水準とに区分することは妥当と考えた。

　この結果として，覚醒水準の高低と快楽水準の高低の組み合わせによって4つの EFS 店舗グループを抽出した[1]。この EFS 店舗グループをそれぞれ次のように名づける。

　グループ1（n=54）は，「低覚醒／低快楽型」店舗グループ，グループ2（n=37）は，「低覚醒／高快楽型」店舗グループ，グループ3（n=36）は，「高覚醒／低快楽型」店舗グループ，グループ4（n=50）は「高覚醒／高快楽型」店舗グループとなる。ただし，前述のとおり実際には「低快楽型」といっても快楽因子を構成する4項目の5段階評価の平均値がいずれも 3.5 以上を示しているため，本来は「中快楽型」と呼べるものであろう。

　ここで Russell（1980）に従い，「低覚醒／高快楽型」は「リラックス型」，「高覚醒／低快楽型」は「緊張型」，「高覚醒／高快楽型」は「興奮型」と読み

図2-5　評価軸に基づく感情状態の散布図

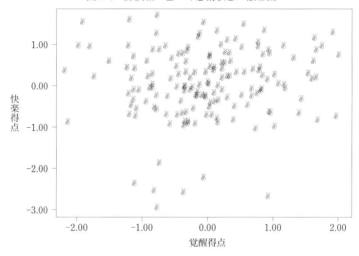

図2-6　小売店舗の感情状態に基づくマッピング

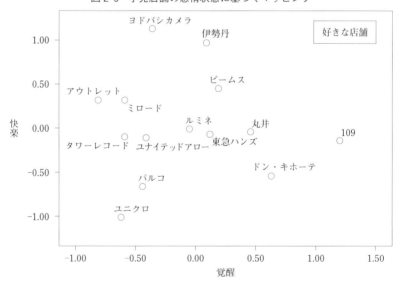

替えることとする。また，「低覚醒／低快楽型」については快楽水準が本来は中程度であることと，先行研究の知見から熟考型の認知処理に近い方略が選択され易いセルになることから，「平静（calm）型」と考えるのが妥当となろう。

図2-6は，「好きな店舗」として，調査回答者8人以上が記述した店舗を抜粋し，因子分析の結果である快楽と覚醒の因子得点平均値を使用した散布図である。生起する感情状態の傾向に基づいて分類した場合，実在する具体的な店舗がどの空間に位置づけられるかを把握する参考となる。限られたサンプル数で分析の実効性・操作性を確保するため，調査回答者の生活圏がほぼ重なっていることから，同一小売業内の店舗間の異質性は比較的少ないとの想定のもとでマッピングを行っている。

【小売店舗グループ間の比較】

それではEFS店舗グループ間における刺激特性の選好に関する比較分析を進めよう。仮説1で示したように，刺激特性の選好にEFS店舗グループ間に差はあるのだろうか。

まず統計的な手続きとして好きな店舗に対し，店舗側が提供する刺激特性尺度27項目について1回目の因子分析（主因子法，プロマックス回転）を行った。4.53，3.86，1.86という固有値の変化およびスクリープロットの傾きから3因子構造が妥当と考えた。

そこで3因子構造を仮定して再度因子分析を行った結果，表2-6のとおり3つの因子が抽出された。表2-6では，2回目に行った因子分析において6項目の因子負荷量が低かったため，これらを取り除いた後の21項目に対して3回目の因子分析を行った結果である。この抽出された各因子を解釈してみよう。

第1の因子は，小売店舗の提供する独特な商品や付加価値情報などの項目が中心となっているために「独自性」因子としよう。

次に第2の因子は，凝集性を望む項目が多く含まれる一方で，清潔感や空間的ゆとりの項目がマイナスに作用しているため，これを「整然性」因子と名づけよう。

最後の第3の因子は，他人に邪魔されず自主的に楽しみながら店舗内を見て回るための項目が多いことから，「主体的回遊性」因子と解釈する。なお，回

表 2-5　小売店舗の因子得点平均

好きな小売店舗	記述件数	覚醒因子·平均得点	快楽因子·平均得点
ユナイテッドアローズ	8	− 0.41	− 0.11
伊勢丹	8	0.09	0.97
タワーレコード	8	− 0.59	− 0.1
ヨドバシカメラ	8	− 0.36	1.13
109	9	1.2	− 0.14
東急ハンズ	9	0.12	− 0.07
ユニクロ	9	− 0.62	− 1.01
ドン・キホーテ	10	0.63	− 0.54
パルコ	10	− 0.44	− 0.66
ビームス	10	0.19	0.45
アウトレット店舗 ※	11	− 0.81	0.32
ミロード	11	− 0.59	0.32
ルミネ	19	− 0.05	− 0.01
丸井	23	0.46	− 0.04
その他	24	—	—

（注）　別々のアウトレット店舗が複数記述されたため例外的に集約して表示した。

　転前の3因子で21項目の全分散を説明する割合は 43.95% であった。
　また，信頼性に関して内的整合性を検討するために各下位尺度の α 係数を算出した。その結果，第1因子と第2因子に比べて第3因子は若干低いものの，3つの因子ともに α 係数は 0.76，0.78，0.65 と十分な数値を示している。修正済み項目合計相関についても特に低い値や負の値はみられず，当該項目を除いた場合の α 係数の変化値も全て算出された α 係数以下であった。これより信頼性は確保されたと考えよう。
　因子分析によって刺激特性尺度の下位尺度が抽出されたため，構成する各項目が整理されて理解し易くなった。同時に，先行研究にはみられなった新たな下位尺度として，「独自性」「整然性」「主体的回遊性」を獲得することができた。

【仮説1の検証結果】
　それでは，刺激特性の各項目をこの下位尺度ごとに整理したうえで，仮説1の分析結果をみていこう。

表 2-6　刺激特性尺度の因子分析の結果（パターン行列）

刺激特性変数	第1因子	第2因子	第3因子
品揃えの独特な「こだわり」	0.65	0.14	−0.06
店が発信する最新の流行	0.63	−0.16	−0.16
アイデア性に富んだ商品提供	0.60	0.21	−0.02
店が発信するコンセプト・理念に共感できる	0.59	0.07	−0.06
商品ディスプレイ方法の工夫	0.54	−0.03	−0.07
有益な情報・知識の提供	0.47	−0.12	0.15
発見期待感の提供	0.42	0.03	0.00
その店でしか入手困難な限定商品	0.42	−0.11	0.05
商品スペース以外の空間のゆとり	0.00	−0.69	0.35
商品の高い密集度	0.12	0.67	0.16
店舗全体にわたる清潔感	0.15	−0.66	0.08
不規則な商品陳列	0.02	0.59	0.05
どこに何が置いてあるのか「迷う」レイアウト	0.04	0.53	−0.01
商品品質への高い信頼	0.45	−0.53	0.06
ボリューム感のある山積みの商品陳列	0.16	0.48	0.28
幅広い品揃え	−0.03	−0.05	0.62
試用品などに触れて遊べる仕掛け	−0.04	−0.17	0.54
手の届かない高い空間まで利用した商品陳列	−0.05	0.24	0.47
店員の存在を意識しなくて済む	−0.28	−0.07	0.46
効果的な POP	0.24	0.05	0.37
細々とした商品陳列	0.13	0.32	0.36
因子相関行列	第1因子	第2因子	第3因子
第1因子	—	−0.12	0.16
第2因子	−0.12	—	0.42
第3因子	0.16	0.42	—

（注）　刺激特性変数の網掛け箇所は逆転項目となる。

　この4つの EFS 店舗グループごとに，刺激特性尺度を構成する 27 項目の評価得点の各平均値を算出し，グループ群間における平均値の差を分析した結果が表 2-7 となる。刺激特性の各項目の評価得点は「非常に該当する」（＝5点）から「全く該当しない」（＝1点）で換算している。統計手法には一要因の分散分析が用いられている。

　同時にここではクロス集計を行い，5段階評価の選択された比率に関する χ^2 検定を行った結果も示している。各項目中，一番評価得点の高いグループの数字に網掛けをした。

　グループ4は整然性以外の，独自性およびその他の項目のほぼすべてにおい

表 2-7　刺激特性項目に対する EFS 店舗グループごとの評価

（一要因の分散分析および χ^2 検定の結果）

刺激特性変数	グループ1 (n=54)	グループ2 (n=37)	グループ3 (n=36)	グループ4 (n=50)	全体 平均値	分散分析: 有意水準	χ^2検定: 有意水準
（独自性項目）							
品揃えの独特な「こだわり」	3.37	3.49	3.53	4.08	3.62	0.011 *	0.102
店が発信する最新の流行	3.04	3.14	3.39	3.86	3.36	0.003 **	0.157
アイデア性に富んだ商品提供	3.22	3.41	3.69	3.78	3.53	0.068	0.486
共感できる店のコンセプト・理念	3.22	3.41	3.31	3.9	3.46	0.022 *	0.015 *
商品ディスプレイ方法の工夫	3.65	3.86	3.75	4.12	3.85	0.128	0.030 *
有益な情報・知識の提供	3.48	3.73	3.58	3.86	3.66	0.351	0.643
発見期待感の提供	4.09	4.27	4.25	4.3	4.23	0.622	0.677
その店でしか入手困難な限定商品	2.87	3	3.14	3.4	3.10	0.186	0.160
（整然性項目）							
商品スペース以外の空間のゆとり	2.96	3.16	2.42	3.12	2.92	0.041 *	0.089
商品の高い密集度	3.15	3.03	3.5	3.14	3.21	0.370	0.384
店舗全体にわる清潔感	3.91	4.05	3.58	3.9	3.86	0.306	0.002 **
不規則な商品陳列	2.06	1.76	2.67	1.74	2.06	0.001 **	0.068
どこに何が置いてあるのか「迷う」レイアウト	2.83	2.46	3.33	2.62	2.81	0.021 *	0.039 *
商品品質への高い信頼	3.48	4	3.56	3.78	3.71	0.155	0.477
ボリューム感のある山積みの商品陳列	2.78	2.24	2.56	2.64	2.56	0.347	0.425
（主体的回遊性項目）							
幅広い品揃え	2.94	2.59	3.03	2.88	2.86	0.521	0.559
試用品などに触れて遊べる仕掛け	2.76	3.03	2.81	2.62	2.81	0.532	0.048 *
手の届かない高い空間まで利用した商品陳列	2.57	2.54	2.39	2.42	2.48	0.886	0.928
店員の存在を意識しなくて済む	2.85	3.14	2.64	2.92	2.89	0.480	0.379
効果的な POP	2.74	3.03	3.03	3.14	2.99	0.397	0.408
細々とした商品陳列	3.04	2.84	3.06	3.06	3.00	0.836	0.013 *
（その他の項目）							
縁日などのお祭り的雰囲気	2.26	2.27	2.83	2.6	2.49	0.111	0.034 *
1つの商品の「色」の選択肢の多さ	3.11	3.03	3.5	3	3.16	0.257	0.408
店員がテキパキと作業をこなす躍動感	3.04	3.11	3.11	3.18	3.11	0.942	0.245
商品ディスプレイによる生活スタイル提案	3.02	3.49	3.33	3.66	3.38	0.036 *	0.125
空間設計の一貫したテーマ・物語性	2.83	3.11	2.86	3.64	3.11	0.002 **	0.001 **
専門的店舗で購入する満足感	3.41	3.57	3.58	3.66	3.56	0.738	0.146

（注）　**p <.01, *p <.05.

て，4 グループ中最高の評価得点を示した。特に独自性に関する 4 つの項目で
は，グループ群間に有意な差が認められる。逆にグループ 1 は，全項目を通し
て際立った特徴が見られない。また，グループ 2 とグループ 3 は，整然性と主
体的回遊性のそれぞれにおいて特徴的な刺激特性の項目が選好されており，グ
ループ群間に有意な差が認められる。

　この結果に基づき，分散分析および χ^2 検定において統計的に有意な差を示
した項目を中心として，最終的なインプリケーションの提示を行っていく。

【仮説 2 の検証結果】

　次に EFS 店舗グループごとに購買行動の傾向が異なることを予想した仮説
2 の分析結果をみてみよう。購買行動の傾向に関する各項目の評価得点は，水
準の低いものから高いものの順にそれぞれ 1 点〜 5 点を付与して換算している。

　この仮説 2 については，表 2-8 のとおり，残念ながら EFS 店舗グループ群間
に有意な差が認められなかった。

　これは，今回は好きな小売店舗における購買行動の傾向であるため，各店舗
グループの行動傾向が似通ってしまい，差が生じ難かったものと考えられる。
ただし，平静型のグループ 1 と興奮型のグループ 4 の購買金額が共に高いこと
が示されたことは注目に値する点となる。

　この結果を受けて，EFS 店舗グループを別途，覚醒次元と快楽次元ごとに
再構成し直してみた。これにより，まず覚醒次元において高覚醒水準店舗グル
ープと低覚醒水準店舗グループのみの 2 つの分類を行った。同様に，快楽次元
においても高快楽水準店舗グループと低快楽水準店舗グループのみの 2 つに分
類した。ここでは，各因子得点の平均値を境界基準値に利用し，覚醒次元と快
楽次元ごとに高水準グループと低水準グループ間の購買行動の傾向の差を検証
することとした。

　以下のとおり，これを仮説 2′ として新たに追加する。

　　仮説 2′-1　購買計画性は，感情状態の高水準店舗グループと低水準店舗
　　　　　　　　グループ間では異なる
　　仮説 2′-2　店内滞在時間は，感情状態の高水準店舗グループと低水準店
　　　　　　　　舗グループ間では異なる

表 2-8　EFS 店舗グループごとの購買行動の傾向
(一要因の分散分析および χ^2 検定の結果)

購買行動 の傾向	グループ1 (n=54)	グループ2 (n=37)	グループ3 (n=36)	グループ4 (n=50)	分散分析: 有意確率	F 値 (3,173)	χ^2 検定: 有意水準	χ^2 値 (df=12)
購買計画性	2.67	3.16	2.72	3.08	0.18	1.65	0.62	9.91
店内滞在時間	3.20	3.16	3.36	3.60	0.14	1.84	0.33	13.59
購買金額	3.69	3.38	3.28	3.62	0.35	1.11	0.30	13.98
来店頻度	2.56	2.95	2.94	2.70	0.36	1.09	0.85	7.09

　　仮説 2′−3　購買金額は,感情状態の高水準店舗グループと低水準店舗グ
　　　　　　　ループ間では異なる
　　仮説 2′−4　来店頻度は,感情状態の高水準店舗グループと低水準店舗グ
　　　　　　　ループ間では異なる

　追加的に分類された覚醒次元における感情状態の高低水準別店舗グループは
高覚醒店舗グループ (n=86),低覚醒店舗グループ (n=91) となった。また,
快楽次元における感情状態の高低水準別店舗グループは高快楽店舗グループ
(n=87),低快楽店舗グループ (n=90) となった。仮説 2′ では,覚醒次元と快
楽次元ごとに,この2つのグループ間の購買行動の傾向の差を検証する。

　そして,t 検定の結果,表 2-10 のとおり購買計画性に関して,快楽次元の高
水準グループと低水準グループの間に有意な差があることが確認された (t
(175) = −2.21, p <.05)。

　これにより,高快楽店舗グループでは購買計画性が高い傾向にあることが分
かり,仮説 2′−1 が支持された。これまでに快楽が非計画的行動を促進するこ
とを報告した先行研究は散見される。これに対して,高水準の快楽が生起する
傾向にあると知覚されている店舗のほうが次回の再購買時における計画性の意
図が高いことが示された点は興味深い。

　このほかにも,表 2-9 のとおり店内滞在時間に関して,覚醒次元の高水準グ
ループと低水準グループの間に有意な差があることが確認された (t(175) =
−2.08, p <.05)。

　これにより,高覚醒店舗グループでは店内滞在時間が長期化する傾向にある
ことが分かり,仮説 2′−2 が支持された。この結果は,いくつかの先行研究に

表 2-9　店舗グループごとの購買行動の傾向（覚醒水準高低別）
（*t* 検定および χ^2 検定の結果）

購買行動傾向変数	低覚醒グループ (n=91)		高覚醒グループ (n=86)		*t* 検定：有意確率	*t* 値 (175)	χ^2 検定：有意水準	χ^2 値 (*df*=4)
	平均	SD	平均	SD				
購買計画性	2.87	1.30	2.93	1.31	0.75	-0.32	0.79	1.68
店内滞在時間	3.19	1.03	3.50	0.97	0.04 *	-2.08	0.22	5.73
購買金額	3.56	1.12	3.48	1.30	0.65	0.46	0.34	4.51
来店頻度	2.71	1.26	2.80	1.21	0.64	-0.48	0.94	0.80

（注）　*p <.05.

表 2-10　店舗グループごとの購買行動の傾向（快楽水準高低別）
（*t* 検定および χ^2 検定の結果）

購買行動傾向変数	低快楽グループ (n=90)		高快楽グループ (n=87)		*t* 検定：有意確率	*t* 値 (175)	χ^2 検定：有意水準	χ^2 値 (*df*=4)
	平均	SD	平均	SD				
購買計画性	2.69	1.27	3.11	1.30	0.03 *	-2.21	0.10	7.88
店内滞在時間	3.27	1.07	3.41	0.95	0.33	-0.97	0.44	3.76
購買金額	3.52	1.22	3.52	1.20	0.98	0.03	0.71	2.14
来店頻度	2.71	1.23	2.80	1.24	0.62	-0.50	0.81	1.60

（注）　*p <.05.

よる見解と合致する。なお，快楽次元の高水準グループを EFS 店舗グループに置き換えた場合，グループ 2 とグループ 4 となる。同様に，覚醒次元の高水準グループを EFS 店舗グループに置き換えた場合，グループ 3 とグループ 4 となる。

　しかしながら，Sherman et al.（1997）では快楽水準と購買金額との間に正の相関関係を認めているのに対し，今回の結果から快楽次元の高水準グループと低水準グループの間に購買金額の有意な差は認められなかった。

【仮説 3 の検証結果】消費者属性による比較
　最後に補足的な仮説 3 の消費者属性としての男女差に関して，まず**表 2-11**のとおり，女性の平均値のほうが高い傾向にあるものの，快楽水準と覚醒水準について有意な男女差は認められなかった。

表 2-11　男女別の感情状態と購買行動の傾向

(t 検定および χ² 検定の結果)

感情状態／購買 行動傾向変数	男性 (n＝102)		女性 (n＝75)		t 検定： 有意確率	t 値 (175)	χ² 検定： 有意水準	χ² 値 (df＝4)
	平均	SD	平均	SD				
覚醒因子得点	−0.06	0.85	0.08	0.86	0.31	−1.02	−	−
快楽因子得点	−0.05	0.81	0.07	0.82	0.35	−0.94	−	−
購買計画性	2.86	1.36	2.95	1.21	0.67	−0.42	0.12	7.42
店内滞在時間	3.12	0.89	3.64	1.09	0.00 **	−3.40	0.00 **	18.20
購買金額	3.48	1.32	3.57	1.04	0.60	−0.52	0.07	8.51
来店頻度	2.54	1.25	3.05	1.15	0.00 **	−2.80	0.00 **	12.35

(注)　**p <.01, *p <.05.

　最近の若年層に限定していえば，一応小売店舗内において生起する感情は男女間ではほとんど同じような水準であることとなる。ただし，好きな小売店舗として選ばれた EFS 店舗グループごとの男女別割合は表 2-12 のとおりとなった。この表から，男性のほうが比較的平静型店舗グループを好み，女性のほうが興奮型店舗グループを好む傾向にあることがうかがえた。

表 2-12　EFS 店舗グループごとの男女別割合

	平静型店舗	リラックス型店舗	緊張型店舗	興奮型店舗	合計
男性	35%	20%	20%	25%	100%
女性	24%	23%	20%	33%	100%

　続いて購買行動の傾向に関して，店内滞在時間 ($t(175) = -3.40, p<.01$) と来店頻度 ($t(175) = -2.80, p <.01$) について男女間で有意な差が認められた。

　男性に比べて女性のほうが店内滞在時間は長く，来店頻度も高い傾向にあることが検証できた。仮説 3－2 と仮説 3－4 および仮説 3－6 は支持される。そして，有意な差は認められなかったものの，購買金額および購買計画性についても女性のほうが高い傾向にあることがわかった。総じて，男性よりも女性のほうが買い物に対するコミットメントが高いことがうかがえる。

　ここでは，特に男性には回遊性に関係する項目が選好されやすいことがわかった。逆に，男性と比べて女性は空間のゆとりを重視する傾向にあることが確

認できた。

　以上の結果から，男女間において生起する感情状態の水準には統計的に有意
な差が認められなかったが，好まれる EFS 店舗グループには男女別の特徴が
見られ，選好される刺激特性および購買行動の傾向にも差が生じることとなる。

　以上までが統計手法に基づく，分析結果の記述例である。

2.　実務的なインプリケーションの提示

　それでは最後になるが，本研究におけるこれらの分析結果から，結論的部分
である実務へのインプリケーションに関する提示例を紹介して終わりたい。こ
こではグループ別にその具体的な課題と戦略案を示している。

【EFS 店舗グループ別の戦略課題】

　消費者に選好された店舗の提供する刺激特性を強化していく取り組みは小売
店舗ごとに対応すべき戦略課題となる。分析結果から導きだされた EFS 店舗
グループ別のマーケティング上の戦略課題は表 2-13 のようにまとめられる。
これらの戦略課題は有効なマーケティング戦略を構成するうえで最も重要な個
別要素となる。なお，各セルにおける戦略課題の記載は評価得点が高かった順
である。

　各小売店舗の経営主体である小売企業としては，マーケティング戦略の構築
に際し，自社店舗の効果的な刺激特性が何であるかを認識することで，これに
対して重点的に経営資源を投入することができる。表 2-13 では，グループ群間
の差が有意となった各項目を評価得点が一番高かった店舗グループのセルに対
応させて記載している。なお，図中における*印の箇所は，有意な差は認めら
れなかったものの，注目に値する項目となる。「低覚醒／高快楽型」店舗は，
商品の信頼性や店員の存在を気にしなくてすむ気軽さ項目の評価得点が4グル
ープ中で最も高く，このセルが「リラックス型」であることを踏まえると納得
のいくものである。同様に，「緊張型」である「高覚醒／低快楽型」店舗では，
豊富な商品カラーによる視覚的な圧倒感が覚醒を高める要因となることが読み
取れる。

表 2-13　EFS 店舗グループ別の戦略課題

快　楽

高

| リラックス型店舗 | 興奮型店舗 |

リラックス型店舗
清潔感
空間のゆとり
試用スペース
商品の信頼性*
店員存在の無意識化*

興奮型店舗
ディスプレイ方法／品揃えのこだわり
コンセプト・理念／流行発信力
生活スタイル影響力／テーマ・物語性
商品の微細化

覚　醒

低　————————————————————————————　高

価格性
利便性

商品配置の迷宮性
商品陳列の不規則性
祝祭性
商品カラーの豊富さ*

平　静　型　店　舗　　　　　緊　張　型　店　舗

低

　また，「平静型」である「低覚醒／低快楽型」店舗に関して，購買金額が 4
グループ中で最も高かったことから，合理的な機能性志向としての価格性や利
便性が重要視される店舗グループであることが推察できる。先行研究において
も，相対的に快楽と覚醒が共に低水準である場合，熟考型の認知処理に近い方
略が選択されやすいことが示され，このことが平静型店舗において機能性が志
向されることと関係するようにみえる。

　そして，この「低覚醒／低快楽型」店舗での購買金額が高いと示されたこと
が，Sherman et al.（1997）が快楽水準と購買金額との間に正の相関関係を認
めた研究との差異となって表れる。ただし，「高覚醒／高快楽型」店舗につい
ても，購買金額が「低覚醒／低快楽型」店舗とほぼ同水準で高いことが確認さ
れた。この部分においては先行研究の結果を支持するものとなる。

　総じて，今回は好きな小売店舗に限定し詳細な分析を行ったが，前述の表 2-7
の全体平均値列に網掛けをした項目に関しては特に高い数値を示している。そ
の項目とは，「発見期待感」「清潔感」「ディスプレイ方法」「商品の信頼性」の
4 項目である。このため，消費者から好きな店舗として選ばれる必須条件とし

て，このことを小売店舗側は十分に認識しておく必要がある。

【EFS店舗グループ別のマーケティング戦略】

　これまでの議論を要約して，EFS店舗グループ別に実践されるべきマーケティングの基本戦略を図2-7に示そう。

　店舗グループ1については，選好される刺激特性に関して他グループと比べて特筆すべき項目は見当たらない。しかしながら，感情の生起が相対的に低水準の状況の中では，熟考型に近い認知処理方略に依存して合理性が志向されることが仮定できる。商品の価格設定がリーズナブルであるだけでなく，立地の利便性なども同時に勘案され，そのトータルコストに見合う価値があると判断されれば商品は購入されるに至る。

　このため，ある特定の商品に関してだけは他店舗よりも圧倒的に安い，という戦略などが考えられる。このタイプの店舗には，費用対効果を重要視するような合理性を追求していく戦略が求められる。

　店舗グループ2についてはリラックス型といわれるだけに，リラックスするための条件として，清潔感や空間的なゆとりの提供が不可欠となる。これらに加えて，同時に商品の品質に対する信頼性も必要とされていることから，店舗として安心感を提供することが不可欠と考えることができる。これより，このタイプの店舗における基本戦略を安心感追求戦略と位置づけよう。

　次の店舗グループ3では，画一的でない未知の構造の中を探っていくことから発生するドキドキ感やワクワク感が特徴となる。極端な複雑さは不安を生じさせてしまうが，レジャーとして迷路が成立するように，ある程度不規則で見知らぬ空間を探索することは良い緊張感を生み出す。これは縁日における散策過程などにも共通する現象である。よって，このような店舗タイプにおける基本戦略を探索性追求戦略としよう。

　最後の店舗グループ4は，前述した表2-7をみると明らかなように，下位尺度である独自性に関する項目のすべてにおいて最高得点を示している。特に注目すべきは「品揃えの独特なこだわり」項目であり，この項目が他の店舗グループに比べ圧倒的に支持されている。これより，独自性を最大の強みとする，オリジナリティ追求戦略を基本戦略として位置づけよう。この興奮型である店

図 2-7　EFS 店舗グループ別のマーケティングの基本戦略

		覚 醒 水 準	
		低	高
快楽水準	高	グループ 2 安心感追求戦略 （リラックス型店舗）	グループ 4 オリジナリティ追求戦略 （興奮型店舗）
	低	グループ 1 合理性追求戦略 （平静型店舗）	グループ 3 探索性追及戦略 （緊張型店舗）

舗グループ 4 では，理論上ではヒューリスティックに近い認知処理方略が選択されやすくなることを通して，店舗のオリジナリティが重視されることとなる。

　そして，購買行動の傾向より，店舗グループ 3 では店内滞在時間が長いという利点を活かし，これを売上増加に結びつける努力が求められる。具体的には，時間的な余裕が前提となるようなキャンペーンや催事の実施，特典の説明に時間を要する会員制システムの提案などが考えられる。

　また，店舗グループ 2 のようなリラックス型の店舗では購買計画性が高く，消費者は明確な購買対象をイメージして来店することとなる。このために，消費者が抱く期待を裏切らないよう，商品の欠品などには十分に注意する必要がある。同時に，商品の品質の維持や期待水準を維持させるためのプロモーション活動も不可欠となろう。これら店舗グループ 2 および店舗グループ 3 に属す小売店舗が購買金額を向上させるためには，合理性の追求かオリジナリティの追及のいずれかに尽力していかなければならない。

　以上で述べたことは，男性と比べ購買計画性と購買金額が高く，店内滞在時間も長い女性を顧客ターゲットに想定した場合に同様に当てはまる。さらに，店舗への来店頻度の高い女性がターゲットの場合，最新の流行情報を恒常的に発信するなどの刺激によって購買意欲に影響を与えることも効果的となる。

　これに加えて，男女別の戦略課題として，男性を顧客ターゲットに想定する場合，小売店舗は回遊性に関連した刺激の提供を，逆に女性を想定した場合には，空間的なゆとりの提供を検討してみる価値はある。ただし，あくまでも基本戦略や戦略課題と整合性を保つ範疇において判断されるべきである。

表 2-14　EFS 店舗グループ別のマーケティング戦略（要約）

EFS 店舗類型	感情状態	基本戦略	戦略課題	購買行動の傾向
グループ 1 平静型店舗 ：男性割合高	低覚醒・低快楽 （店舗例：ユニ クロ）	合理性追求戦略 ［熟考型認知処理］	価格性／利便性	購買金額：高 対応策：徹底した費 用対効果の重視
グループ 2 リラックス型店舗	低覚醒・高快楽 （店舗例：アウ トレット全般）	安心感追求戦略 ［熟考型認知処理］	清潔感／空間のゆと り／試用スペース／ 商品信頼性／店員存 在の無意識化	購買計画性：高 対応策：商品欠品の 防止，品質の維持， 期待を高めるプロモ ーション活動
グループ 3 緊張型店舗	高覚醒・低快楽 （店舗例：ドン キホーテ，109）	探索性追及戦略 ［ヒューリスティ ック型認知処理］	商品配置の迷宮性／ 商品陳列の不規則性 ／祝祭性／商品カラ ーの豊富さ	店内滞在時間：長 対応策：キャンペー ン・催事の実施，説 得的な会員システム の提案
グループ 4 興奮型店舗 ：女性割合高	高覚醒・高快楽 （店舗例：ビー ムス）	オリジナリティ追 求戦略 ［ヒューリスティ ック型認知処理］	ディスプレイ方法／ 品揃えのこだわり／ コンセプト・理念／ 流行発信力／生活ス タイル影響力／テー マ・物語性／商品微 細化	購買計画性：高 店内滞在時間：長 購買金額：高 対応策：上記 3 グル ープの対応策の全て

(注)　［　］内は社会心理学の先行研究より導出した，選択されやすい認知処理方略。

　表 2-14 に，分析結果およびインプリケーションの要点をまとめた。

　実在する小売店舗を経営する小売企業は，感情状態を評価軸に利用してマッ
ピングした場合，自社店舗がどの EFS 店舗グループに属するかを見極めてい
くことが必要になる。そして，自社店舗のポジションを確定したうえで，最終
的には，該当する EFS 店舗グループの基本戦略に立脚し，各々の戦略課題へ
の対応が求められる。このことが小売企業にとって実務的に有効なマーケティ
ング戦略になると考える。

　あくまでも適用の試行段階としての仮説的なものだが，以上が感情を考慮し
た実務的に有効なマーケティング戦略の構築に関する提示となる。

　このように実務的なインプリケーションを提示することで研究を結ぶことは，

戦略に関わる研究の一つのやり方である。

　戦略を構築する実証研究を実施するうえで，その有効性を左右する大切な観点として「類型化」という試み（本事例では EFS 店舗グループ化）があり，この類型化を行うには，分類するために使用される有効な評価軸（本事例では快楽次元と覚醒次元）を十分に精査し，その妥当性を検証することが最も肝要になることを，本章を終えるにあたり繰り返し強調しておきたい。

【注】

　1）　覚醒因子得点に関して，高覚醒店舗グループの平均値は 0.70（$SD＝0.55$），低覚醒店舗グループの平均値は -0.66（$SD＝0.50$）となる。また，快楽因子得点に関して，高快楽店舗グループの平均値は 0.63（$SD＝0.41$），低快楽店舗グループの平均値は -0.61（$SD＝0.64$）となる。

【引用文献】

Barnes, John W. and Ward, James C. (1995), "Typicality as a Determinant of Affect in Retail Environments," *Advances in Consumer Research*, 22, pp. 204-209.

Darden, William R. and Babin, Barry J. (1994), "Exploring the Concept of Affective Quality: Expanding the Concept of Retail Personality," *Journal of Business Research*, 29 (February), pp. 101-109.

Donovan, Robert J. and Rossiter, John R. (1982), "Store Atmosphere: An Environment Psychology Approach," *Journal of Retailing*, 58 (Spring), pp. 34-57.

Donovan, Robert J., Rossiter, John R., Marcoolyn, Gilian, and Nesdale, Andrew (1994), "Store Atmosphere and Purchasing Behavior," *Journal of retailing*, 70 (Fall), pp. 283-294.

Havlena, William J. and Holbrook, Morris B. (1986), "The Varieties of Consumption Experience: Comparing Two Typologies of Emotion in Consumer Behavior," *Journal of Consumer Research*, 13 (December), pp. 394-404.

Izard, Carroll E. (1977), *Human Emotions*. New York: Plenum.

Lutz, Richard J. and Kakkar, Pradeep (1975), "The Psychological Situation as a Determinant of Consumer Behavior," *Advances in Consumer Research*, 2, pp. 439-453.

Martineau, Pierre (1957), *Motivation in Advertising*, New York: McGraw-Hill.

Mehrabian Albert and Russell, James A. (1974), *An Approach to Environmental Psychology*, M.I.T. Press.

Morris, Jon D. and McMullen, James S. (1994), "Measuring Multiple Emotional Responses to a Single Television Commercial," *Advances in Consumer Research*, 21, pp. 175-180.

Plutchik, Robert (1980), *Emotion: A Psychoevolutionary Synthesis*, New York: Harper & Row.

Russell, James A. (1980), "A Circumplex Model of Affect," *Journal of Personality and Social Psychology*, 39 (December), pp. 1161-1178.

Russell, James A. and Pratt, Geraldine (1980), "A Description of the Affective Quality Attributed to Environments," *Journal of Personality and Social Psychology*, 38 (February), pp. 311-322.

Sherman, Elaine, Mathur, Anil, and Smith, Ruth Belk (1997), "Store Environment and Consumer Purchase Behavior : Mediating Role of Consumer Emotions," *Psychology and Marketing*, 14 (July), pp. 361-378.

Yoo, Changjo, Park, Jonghee, and MacInnis, Deborah J. (1998), "Effects of Store Characteristics and In-Store Emotional Experiences on Store Attitude," *Journal of Business Research*, 42 (July), pp. 253-263.

第Ⅱ部　政策編

第3章
政策研究と政策決定
――コロナ経済対策はどのように作られたか――

高橋　洋一

第1節　はじめに

　新型コロナは，戦後最も酷い経済ショックを世界経済に与えた。もちろん，日本もその例外ではなく，大きく経済成長は損なわれた。筆者は計らずも安倍晋三前首相，菅義偉首相と個人的に親しい関係にあり，経済政策策定の現場に立ち会い，それぞれからアドバイスを求められたので，それらに応じた。それがどのように政策にとり入れられていったかを，ケーススタディとして本章で述べたい。筆者は，2020年10月から本章執筆時点においても内閣官房参与の任にあり，政策決定に直接関与していないものの，アドバイザーの立場だ。もっとも，安倍政権でも，正式な立場ではなかったが，事実上安倍前首相からアドバイスを求められていたので，筆者からみた場合では役割は変わっていない。そうした観点から，本章は書かれている。実際の政策決定においては，さまざまな知識，フレームワークが用いられる。例えば，マクロ経済学の知識や数量的な推計はいうまでもなく，コロナの進行状況も考慮に入れる必要があったので，微分方程式を用いた感染症数理モデルも必要だった。

第2節　財政金融政策と経済学

　2020年末にできあがった2020年度第1～3次補正予算と2021年度予算は，表3-1から表3-4の通りだ。第1～3次補正予算，2021年度予算での国債発行増をみると，総計で90兆円程度膨らんでいる。これらのマスコミなどでの評

表 3-1　令和 2 年度一般会計補正予算（第 1 号）フレーム

（単位：億円）

歳　　　出		歳　　　入	
1.. 新型コロナウイルス感染症緊急経済対策関係経費	255,655	1. 公債金	256,914
（1）感染拡大防止策と医療提供体制の整備及び治療薬の開発	18,097	（1）建設公債	23,290
（2）雇用の維持と事業の継続	194,905	（2）特例公債	233,624
（3）次の段階としての官民を挙げた経済活動の回復	18,482		
（4）強靱な経済構造の構築	9,172		
（5）新型コロナウイルス感染症対策予備費	15,000		
2. 国債整理基金特別会計へ繰入	1,259		
合　　　計	256,914	合　　　計	256,914

（注）計数はそれぞれ四捨五入によっているので，端数において合計とは一致しないものがある。

表 3-2　令和 2 年度一般会計補正予算（第 2 号）フレーム

（単位：億円）

歳　　　出		歳　　　入	
1. 新型コロナウイルス感染症対策関係経費	318,171	1. 公債金	319,114
（1）雇用調整助成金の拡充等	4,519	（1）建設公債	92,990
（2）資金繰り対応の強化	116,390	（2）特例公債	226,124
（3）家賃支援給付金の創設	20,242		
（4）医療提供体制等の強化	29,892		
（5）その他の支援 47,127			
①新型コロナウイルス感染症対応地方創生臨時交付金の拡充	20,000		
②低所得のひとり親世帯への追加的な給付	1,365		
③ 持続化給付金の対応強化	19,400		
④その他	6,363		
（6）新型コロナウイルス感染症対策予備費	100,000		
2. 国債整理基金特別会計へ繰入（利払費等）	963		
3. 既定経費の減額（議員歳費）	▲ 20		
合　　　計	319,114	合　　　計	319,114

（注 1）計数はそれぞれ四捨五入によっているので，端数において合計とは一致しないものがある。

（注 2）1.（2）には国債整理基金特別会計へ繰入（日本政策投資銀行の保有する交付国債の償還 4,432 億円）を含む。

表 3-3　令和2年度一般会計補正予算（第3号）フレーム

(単位：億円)

歳　　　出		歳　　　入	
1. 新型コロナウイルス感染症の拡大防止策	43,581	1. 税収	▲ 83,880
2. ポストコロナに向けた経済構造の転換・好循環の実現	116,766		
3. 防災・減災，国土強靱化の推進など安全・安心の確保	31,414	2. 税外収入	7,297
小　　計　（経済対策関係経費）	191,761		
4. その他の経費	252	3. 前年度剰余金受入	6,904
5. 地方交付税交付金	4,221		
(1) 税収減に伴う一般会計の地方交付税交付金の減額	▲ 22,118		
(2) 税収減に伴う一般会計の地方交付税交付金の減額の補塡	22,118		
(3) 地方法人税の税収減に伴う地方交付税原資の減額の補塡	4,221		
6. 既定経費の減額	▲ 41,963	4. 公債金	223,950
(1) 新型コロナウイルス感染症対策予備費	▲ 18,500	(1) 建設公債	38,580
(2) その他	▲ 23,463	(2) 特例公債	185,370
合　　計	154,271	合　　計	154,271

(注) 前年度剰余金の処理のため，要特例法。

価を後で述べるが，これらを策定する上で，必要なツールをはじめに述べよう。まず，経済ショックを扱う一般的な分析フレームワークとして，マクロ経済学は必要だ。経済ショックが，需要ショックなのか供給ショックなのかを見極めるのは重要だ。筆者は，図 3-1 および図 3-2 を用いて，これを説明している。今回のショックについて，サプライチェーンの寸断に着目し供給ショックとの見方もあったが，同時に需要蒸発なので，需要ショックと考えたほうがいいと判断した。ちなみに，国内外の著名な経済学者の中には，当初は供給ショックと考える人もいた。例えば，林文夫氏は「コロナショックは，マクロ経済学でいう供給ショックの一種だ」といったが，後に，一般物価は下落したことから，実際には筆者が当初判断した通り需要ショックであった[1]。

　需要ショックであれば，財政出動・金融緩和して，失われた需要分の「有効需要」をつけるという政策になる。ここまでは，マクロ経済学の教科書通りの話だ。実際の政策決定では，大規模財政出動を阻む財務省が難敵になる。実際，

表 3-4　令和 3 年度予算フレーム

【歳出・歳入の状況】　　　　　　　　　　　　　　　　　　　　　　　　　　　　　　　　　（単位：億円）

	2 年度予算 （当初）	3 年度予算	2′ → 3′	備　　考
（歳　出）				
一　　般　　歳　　出	617,184	669,020	51,837	
社会保障関係費	356,914	358,421	1,507	
社会保障関係費以外	260,269	260,599	330	
新型コロナウイルス感染症対策 予備費	－	50,000	50,000	
地 方 交 付 税 交 付 金 等	158,093	159,489	1,396	○医療費動向を踏まえた
国　　　　債　　　　費	233,515	237,588	4,072	前年度の土台からの実
うち債務償還費（交付国債分を 除く）	145,394	147,317	1,923	質的な伸びは +0.35 兆 　円。
うち利払費	83,904	85,036	1,132	
小　　　　計	1,008,791	1,066,097	57,306	
臨　時・特　別　の　措　置	17,788	－	△ 17,788	
計	1,026,580	1,066,097	39,517	
（歳　入）				○公債依存度 40.9%
税　　　　　　　　　　　収	635,130	574,480	△ 60,650	○建設公債　令 2：7 兆
そ　　の　　他　　収　　入	65,888	55,647	△ 10,241	1,100 億円 → 令 3：6
公債金（歳出と税収等との差額）	325,562	435,970	110,408	兆 3,410 億円
債務償還費相当分（交付国債分 を除く）	145,394	147,317	1,923	特例公債　令 2：25 兆 　4,462 億円 → 令 3：37
利払費相当分	83,904	85,036	1,132	兆 2,560 億円
政策的支出による赤字（基礎的財 政収支赤字）相当分	96,264	203,617	107,353	○財政収支赤字（利払費 　相当分と政策的支出に 　よる赤字相当分の公債
計	1,026,580	1,066,097	39,517	金の合計）は 28.9 兆円。

(注 1)　「社会保障関係費」,「社会保障関係費以外」の 2 年度予算は, 3 年度予算との比較対照のため, 組替えをし
てある。

(注 2)　計数は, それぞれ四捨五入によっているので, 端数において合計とは一致しないものがある。

(注 3)　税収には印紙収入を含む。

(注 4)　公債金の分類は基礎的財政収支や財政収支の観点から行ったものであり, 公債金による収入が直ちに債務
償還費や利払費に充当されることを意味するものではないことから,「相当分」としている。

(注 5)　現行の特例公債法は 5 年間の特例公債の発行根拠を定めており, 2 年度末で期限を迎える。このため, 更
に 5 年間の特例公債の発行根拠を設ける法案を提出する方向で検討中。

図 3-1　経済ショックの経済分析 (1)

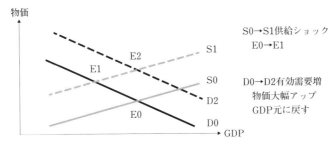

図 3-2　経済ショックの経済分析 (2)

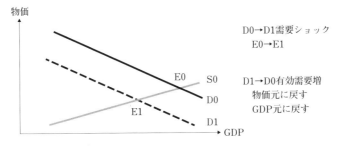

図 3-3　マクロ経済政策

	供給	需要
石油ショック （石油危機）	供給増 省エネ・技術 税制誘導	－
需要ショック （大恐慌，リーマン危機， 東日本大震災）	－	有効需要増 減税，給付金 公共事業

図 3-4　GDP ギャップ率と失業率（半年後）

（資料）　内閣府「国民経済計算」,「今週の目標」, 総務省「労働力調査」。

　安倍前首相も，筆者に問い合わせてきたのは，いかに財務省を説得して財政出
動させるかだ。これには，2つの方法がある。第1には，このまま財政出動を
しなければ，どうなるかというシミュレーションだ。第2には，需要ショック
に対する対策では金融政策をうまく組み合わせることで，将来世代への付け回
しなしで財政出動が可能であると示すことだ。

　第1の点は，標準的なマクロ経済学やそれに基づくシミュレーションで示す
ことができる。図3-4はGDPギャップと失業率を示している。経済学からみ
れば，このコロナショックで急拡大したGDPギャップを放置していると，そ
の後失業増になることは確実だ。例えば，2020年12月の第3次補正予算，
2021年度予算の策定前の状況に即して，この議論をしてみよう。失業率は半
年程度前のGDPギャップに大きく依存している。GDPギャップが大きいと失
業率が高くなる傾向がある。2020年7-9学期GDPは前期比で4〜5%のプラ
スになるが，それでもGDPギャップは内閣府の定義によるとしても6%程度
は残ると思われる。

　仮に2020年12月の第3次補正などを行わないまま経済の自律回復もなけれ
ば，これまでの傾向を単純にあてはめると，いずれ失業率は5〜6%になって

も不思議ではない。今 3% なので，120 〜 180 万人の雇用が失われるかもしれない。これは，失業増にとどまらず，自殺増になる可能性が高い。自殺の原因・動機は複雑である。警察庁では，自殺の原因・動機を家庭問題，健康問題，経済生活問題，勤務問題，男女問題，学校問題，その他に分け，自殺の原因・動機の統計をとっている。それによれば，家庭問題，健康問題，経済生活問題，勤務問題，男女問題，学校問題の 6 つのうち，健康問題，経済生活問題以外の原因・動機の全体に占める割合が，年によって大きく変動しない。しかし，健康問題，経済生活問題をみると，年によって大きく変動し，その度合いは景気の動向に密接に関係がある。具体的には，失業率が高くなると自殺率は上がり，逆に失業率が低くなると自殺率が下がる傾向がある。1980 〜 2018 年の両者の相関係数は 0.86 だが，これは失業率が 1% 上昇すると，それとともに，3,000人程度の自殺者が連動することを意味している。なお，こうした時系列については，トレンドの影響を受けるために，見かけ上相関係数が大きいという意見もあるが，トレンドを除去しても，失業率と自殺率に高い相関がみられる。失業率の 2 〜 3% の増加は，自殺者を 6,000 〜 9,000 人程度増加させる可能性がある。その当時のコロナによる死者 2,500 人よりもはるかに多い。

　また，失業率と自殺率の相関と同様に，失業率は犯罪率とも相関がある。つまり，職が得られれば，経済要因の自殺は減り，経済要因の犯罪も減るが，逆に職がないと，犯罪の増加にもつながる。それらの事実は，過去のデータから容易に確認できる。要するに，失業を未然に防ぐことは，社会問題の軽減にもなるのだ。こうしたロジックにより，有効需要で GDP ギャップを解消できないと，その後の失業増，自殺者増，その他社会不安増になることを，具体的な数字で示すことができる。この点，計量分析ができないと説得力で見劣りしてしまうだろう。

　それでも，財務省は大規模な財政出動を嫌う。上記のように社会不安の数字が出てくると，表だっては反対できないが，マスコミを使って，財政再建論を持ちだしてくる。

　マスコミは，各種の「特権・恩恵」を受けている。まずは，日刊新聞紙法という法律だ。これは新聞社の株式に譲渡制限を課し，コーポレートガバナンスが効かないので新聞経営者はやりたい放題だ。次は独占禁止法の再販規制。そ

して三番目は消費税の軽減税率だ。四番目は，新聞社屋のための国有地の売却という問題が絡んでいる。日本の新聞社の多くが，財務省から国有地を安く払い下げてもらい，社屋をそこに建設している。ある種の優遇措置を受けてきたといっていい。これら4つで新聞は守られている。このうち，三番目と四番目は財務省が大きく関係している。二番目の独占禁止法でも，公正取引委員会委員長にしばしば財務省出身者がなるので，ここでも財務省は新聞ににらみがきく。こうした背景があるので，新聞は財務省をまともに批判せず，特に，財政再建では財務省に同調する。そもそも，財政関係の記事を書くには，財務省からの協力が不可欠である。新聞とともに，財政学者には財務省の意見そのままの人が少なくない。2020年4，5月に大型補正予算が必要というときに，真逆の提言を行った財政学者もいた[2]。その内容は，冒頭の「消費税は社会保障の財源であり，仮に減税となれば社会保障に悪影響が及ぶ。高齢化が進むわが国において将来に禍根を残しかねない」に要約できる。週刊誌で，第1，2次補正予算は，「血税」が原資になっていると誤解している記事と，同じ特集で財政再建を主張している人もいる[3]。筆者のところへの政治家の問い合わせも，補正予算で大量の国債発行になるが，それが将来世代へのつけ回しになるかという点だ。率直にいえば，今回のコロナ禍は戦争と同じであるので，現役世代を死なせないことが将来世代のためにもなるはずだ。ただし，今回のコロナショックは需要ショックなので，当分の間，インフレ率は高くならないという見込みだ。であれば，政府が国債発行し，それを日銀が購入するという，財政政策・金融政策の同時発動は，結果として，カネを刷って財政出動，つまり通貨発行益で財政出動するので，将来世代の負担はない。

　まず，国債の一般論であるが，国債の大半は「返済されない」といってもいいすぎではない。今でも，借換債を発行して，借り換えが行われているのが事実だ。第2次補正後の国債発行計画で具体的にみると，国債発行額は253兆円で，そのうち新規90兆円，借換債が108兆円もある[4]。つまり，国債のうち償還期限が到来するものは償還するが，それは借換債を発行しているので，個別の国債の保有者には現金償還されているものの，全体としては借り換えが行われているわけだ。

　日銀が保有している国債でみると，よりわかりやすい。日銀が5月末現在で

保有している国債は 500 兆円だ[5]。制度上は，日銀が保有している国債すべてについて，日銀引受による借り換えが可能だ（令和 2 年特別会計予算総則第 5 条）。つまり，日銀保有国債については，償還しなくてもいいわけだ。この規定から考えて，少なくとも日銀が保有した国債については，返済されることはないとみていい。第 2 次補正後の新規国債発行額は 90 兆円もあるので，市中消化が大変になるという意見も出てくるだろう。

　そこで出てくるのが，「政府と日銀の連合軍」だ。これは，2020 年 5 月 22 日，麻生財務大臣と黒田日銀総裁の共同談話だ[6]。一言でいえば，「日本銀行・政府一丸となって日本はやっているんだよ」だ。

　実は，「政府と日銀の連合軍」という言葉はでていない。これは，安倍前首相が，思わず筆者に語った言葉だ。つまり，政府の発行した国債を日銀が買い取るという意味だ。日銀は，イールドカーブコントロール政策を維持しているので，国債発行により金利が上昇しないように，結果として日銀が買い取るのだ。それを，麻生財務相と黒田日銀総裁が共同談話の形で確認したのだ。もちろん，この背景には，安倍前首相の麻生財務相への相当な働きかけがあったと考えられる。安倍前首相と筆者がこの件について話したのは，それより 1 ヶ月程前だった。いずれにしても，コロナショックで大きな需要（それに伴う供給）が失われたので，当面はインフレを心配する状況ではない。「政府と日銀の連合軍」は，インフレを心配する必要なしで協力できるはずだ。日本が保有している国債について，償還負担がないのは以上の説明で明らかだが，さらにいえば利払い費用もない。実は，日銀に払った利払いは納付金ですぐに政府に帰ってくるからだ。これで，第 2 次補正の財源は「血税」ではないということがわかるだろう。日銀が買い取る国債については，「血税」ではなく，「通貨発行益」を財源としているといってもいい。通貨発行益を活用できるのは，コロナショックが需要ショックでインフレ率にマイナスに作用するからだ。これが供給ショックであれば，この手は使えない。

第 3 節　財政金融政策と会計学

　以上の議論は，会計学を使って説明することもできる。財務省は 3 ヶ月ごと

に「国の借金」を公表し，そのままマスコミは国民に垂れ流している。国債や借入金，政府短期証券をあわせた「国の借金」の残高が2020年9月末時点で1189兆9160億円になったと発表した[7]。内訳は国債が1004兆8140億円。一時的な資金不足を穴埋めする政府短期証券は135兆2087億円。借入金は49兆8934億円。2020年7月1日時点の総務省の人口推計1億2583万6千人で単純計算すると，国民1人当たり約945万円の借金を抱えていることになる。

　この説明はウソではないが，バランスシートの右側という情報の一部でしかない。これに対して，これは「国の借金」というのはミスリーディングであるという反論もある。要するに，国民の借金であるかのようにいうが，正確には政府の借金であって，国民とは関係ないというものだ。ただし，この意見は甘いものだ。確かに政府の借金であるが，政府が破綻すれば，国民への行政サービスが行われなくなり，その損失は結局国民に降ってくる。大企業が倒産したら，その関連先には大きな損害を被るが，日本政府は日本の中で最大の企業といってもよく，日本政府に無関係な国民はほとんどいない。ではどう考えたらいいだろうか。一番心配なのは，日本政府の破綻であるので，そのバランスシートをみてみよう。負債だけをいっても，それに見合う資産があれば破綻しない。これは会計学の基礎である。

　政府のバランスシートは，国の財務書類として，財務省のホームページに載っている[8]。政府子会社を含めた連結ベースの政府バランスシートも，連結財務書類として公開されている[9]。それらを初めて政府内で作ったのは筆者であり，今から20年以上前のことである。しかし，それらはすぐには公表されずに，正式に公表されたのは2006年からだ。しかも，連結ベースのバランスシートでは，政府子会社となるべき日銀が抜けている。中央銀行である日銀を含めて政府の財務状況を考えるのは，経済学では当たり前のことで，「統合政府」といわれている。2019年3月末の政府の連結バランスシートでみて，資産を差し引いたネットの負債残高は500兆円程度である。さらに，統合政府で考えればどうなるか。同時点の日銀のバランスシートをみると，資産側で国債470兆円，その他90兆円計560兆円，負債側で日銀券・当座預金500兆円，その他60兆円計560兆円[10]。当座預金は形式負債であるが，日銀券と代替可能であるので，日銀券と同様に無利子・無償還とみて，統合政府のネット負債残高。

図 3-5　政府の連結バランスシート

資産	負債
資産 1000	国債 1500
国債 500	
徴税権 400 〜	銀行券等 500

（資料）　国の財務諸表（財務省），より筆者試算。単位は兆円。

はほぼゼロと評価できる。なお，たまたま日本のネット負債残高はほぼゼロで
あるが，政府に多少ネット負債残高があっても，倒産しない。それは，簿外資
産に徴税権があるからだ。日本の場合，簿外徴税権は 400 兆円以上あると考え
られるので，それらを含めた統合政府のバランスシートを作れば，図 3-5 の通
りだ。

　ちなみに，2018 年 10 月，IMF は「IMF Fiscal Monitor, October 2018 Man-
aging Public Wealth」を公表した[11]。筆者が当時大蔵省でバランスシート作
りに取り組んだのは，1990 年代中頃であるが，その当時，アメリカなどでは
まったく手がついていなかった。その意味で，筆者はこの分野での先駆けであ
った。そこで，筆者の考え方（バランスシートによって財政を評価すること）
を外国財政当局の担当者に話すと，興味津々であった。そのおかげで，アメリ
カなどのアングロサクソン国から日本のやり方を教えてほしいという要望があ
り，かなりの海外出張を行った記憶がある。日本の政府バランスシートは
1990 年代中頃では世界で最先端であったが，その公表は封印された。その当
時から今まで，大蔵省はバランスシートではなく，その右側の負債だけを都合
よく利用してきた。なぜなら，包括的なバランスシートではそれまでの説明に
矛盾ができるからだろう。

　その後，2000 年代の小泉政権になると，財務省内からもそろそろ政府のバ
ランスシートを公表したほうがいいという状況になり，例の「埋蔵金論争」な
どもあり，公表するようになった。それから，財務省のホームページに公表さ
れているが，財務省がマスコミにまともなレク（説明）をしない[12]。これも
債務の大きさだけで財政再建を主張するからだ。そのため，マスコミは政府の
バランスシートに関する記事をほとんど書けない状況だ。財務省からレクを受
けないと記事が書けないマスコミも情けない。いずれにしても，2000 年代か

図3-6　公的部門バランスシート（対GDP比）

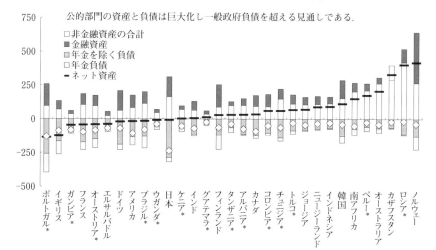

（資料）　IMF staff estimates.
（注）　＊は1年のデータに基づいている．大部分のケースは財政の透明性評価の一部としてまとめられている。ア
　　　　ルバニア2013年，オーストリア2015年，ブラジル2014年，コロンビア2016年，ガンビア2016年，グァ
　　　　テマラ2014年，ケニア2013年，ペルー2013年，ポルトガル2012年，タンザニア2014年，チュニジア
　　　　2013年，トルコ2013年，ウガンダ2015年。

　ら各国でバランスシート作りが盛んになり，そのデータも蓄積してきたところ
なので，IMFでも分析できるようになったのだろう。そのIMFレポートの2
ページの図1.1では，比較可能な国の公的部門バランスシートでのネット資産
対GDP比がでている。それによれば，日本の公的部門のネット資産対GDP
比はほぼゼロである。これは，筆者の計算とも整合的だ。

第4節　財政金融政策と数学

　ネット資産は財政状況を評価する際に有用だ。理論的には，ネット資産が限
りなく減少すると（数学的な表現では，マイナス無限大に発散），財政破綻と
いえる。IMFレポートではそこまで書いていないが，35ページのAnnex
Table 1.3.1.において，長期金利と一般政府でのネット資産との状況について，
回帰分析を行っている。その含意は，ネット資産が少なくなると長期金利に上

図 3-7　各国ネット資産 GDP 比（横）と CDS（縦）

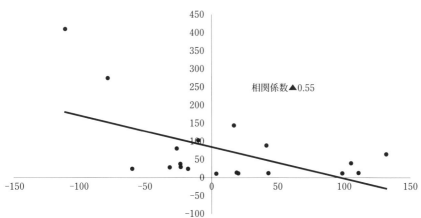

（資料）　ネット資産 GDP 比は，IMF Fiscal Monitor "Managing Public Wealth" Oct.
　　　　2018。CDS は便宜的に S&P の直近データ。

昇傾向があるとなっており，理論面でのネット資産と財政破綻の関係と整合的
である。そこで，一般政府でのネット資産対 GDP 比とその国の信用度を表す
CDS（クレジット・デフォルト・スワップ）レートとの関係の相関を調べてみ
た（図 3-7）。かなりの相関があることがわかる。筆者は，CDS のデータから，
その国の破綻確率を計算している。この計算は，やや高度な数学の知識を要す
るが，アメリカの大学院でのファイナンス論では定番の問題である。そうした
計算から，日本は今後 5 年以内の破綻確率は 1% 未満であると筆者はいってい
る。この話は，日本のネット資産がほぼゼロであることと整合的になっている。
なお，財政状況を表すものとして，プライマリーバランス（PB）もしばしば
出てくる。上に述べたようにネット負債残高対 GDP の数字が，財政破綻確率
にも大きく関係しているが，ネット負債残高対 GDP がどんどん大きくなれば
（数学的な表現では「発散」すれば），財政破綻ともいえるような状況になるわ
けで，そのために PB をある程度管理しなければいけない。PB とネット負債
残高対 GDP の関係は図 3-8 の通りだ。
　ここで，ネット負債残高対 GDP 比は，もちろん中央銀行を含めた統合政府
である。これも，単体ではなくグループ決算をみるというファイナンス論のイ

図3-8 PB（primary balance）とネット負債残高対GDP比の関係

GDP_0：今期のGDP
GDP_1：来期のGDP
D_0：今期末のネット負債残高
D_1：来期末のネット負債残高

T_1：今期の税収
G_1：今期の一般歳出
PB_1：今期のプライマリーバランス
　　　$(= T_1 - G_1)$
r：今期の金利
g：今期の名目成長率

$$\frac{D_1}{GDP_1} - \frac{D_0}{GDP_0} = \frac{(D_1 - D_0) * GDP_0 + D_0 * GDP_0 - D_0 * GDP_1}{GDP_0 * GDP_1}$$

$$= \frac{D_1 - D_0}{GDP_1} - \frac{D_0}{GDP_1} * \frac{GDP_1 - GDP_0}{GDP_1} \cdots (**)$$

ここで歳入＝国債発行収入＋税収，歳出＝一般歳出＋利払費
歳入＝歳出から，
$D_1 - D_0 + T_1 = G_1 + r * D_0$　よって，$D_1 - D_0 = -PB_1 + r * D_0$
また，$(GDP_1 - GDP_0)/GDP_0 = g$ から，

$$(**) = -\frac{PB_1}{GDP_1} + (r - g) * \frac{D_0}{GDP_1}$$

$$= -\frac{PB_1}{GDP_1} + \frac{(r - g)}{1 + g} * \frac{D_0}{GDP_0}$$

ロハである。いずれにしても，破綻確率の計算などでは，高度な数学も必要になってくる。そこまで，理解していないと，発行した国債を中央銀行が購入する場合，将来世代の負担がないことを説得的に説明できない。そのためにはファイナンス論，そのベースにある高度な数学も用いている。

第5節　コロナ経済対策はどのように作られたか

　さて，ここまでは，マクロ経済学，会計学，確率数学を使ってきたが，コロナ対策では，コロナの感染の拡大もある程度は頭に入れないと，現実の政策論はできない。コロナ対策では，人と人との接触を避ける対策が基本になっている。感染症がどのように広がるかについては，かなり昔から研究があり，短期

図3-9　Susceptible Infected Recovered Model（SIR モデル）

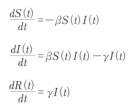

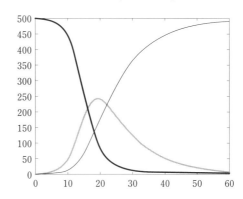

$$\frac{dS(t)}{dt} = -\beta S(t) I(t)$$

$$\frac{dI(t)}{dt} = \beta S(t) I(t) - \gamma I(t)$$

$$\frac{dR(t)}{dt} = \gamma I(t)$$

S ＝感受性者，太線
I ＝感染者，網掛け線
R ＝免疫保持者，細線

的な流行は数理モデルで記述できる。それは，Susceptible（まだ感染してい
ない人），Infected（感染している人），Recovered（感染から回復した人，死
亡もモデル上含む）の動きを表しており，SIR モデルという（図3-9）。
　現在でも，100 年ほど前に開発されたこの数理モデルが基本的に有効であり，
人との接触度合いが重要な役割を果たすことが知られている。筆者は，大蔵省
入省前に，文部省統計数理研究所に内々定していた時，そうした感染症モデル
の研究をした経験がある「元」感染症数理研究者だ。40 年も昔の話なので，
とても現役とはいえないが，多少の土地勘はあり，最近になって数理モデルを
ひさしぶりに動かしてみた。そのモデルは，普通の人が感染し感染者に変わり，
一部は死ぬが，残りは免疫を獲得して生き残る。すると，やがて免疫を獲得し
た人ばかりになって，感染者は少なくなるというものだ。モデルによれば，何
も対策をしない場合，国民の相当数が感染し，一定割合は死亡して，その規模
は数十万人になる。ただし，ある時点で何らかの施策をして感染がまったくな
くなれば，その後，短期的にはほとんど新規感染者はなくなる。感染がなくな
る施策のうち，シンプルなものが「誰とも接触しない」というものだ。その様
子を示したのが図3-10 だ。
　プランAは，何もしないで，国民の多くが感染する。その一定割合は死ぬが，
生き残った人は免疫を確保する。おそらく数十万から 100 万人以上も死ぬかも

図 3-10　接触率削減 0 割（A）と削減 10 割（B）について

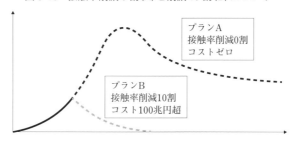

しれない。しかし，何もしないので，コストはまったくかからない。一方，プ
ランＢは，人と人との接触を完全に遮断する。もちろん，実際の社会ではあり
えない話だが，例えば，すべての経済活動をしないというありえない仮定であ
れば，経済活動をしないという意味で大きなコストがあるが，誰とも会わない
ので，感染は急速に収まる。経済活動をしないわけなので，コストは 100 兆円
以上にもなる。この数理モデルでは，感染者が何人感染させるかというモデル
中のパラメーターが重要だ。これを基本再生産数という。これについては，い
ろいろな研究があるが，今回のコロナウイルスの場合，2 ～ 5 程度といわれて
いる。これを 1 より小さくさせないと，感染者が増加し，ある時期には指数関
数的な増加なので，あっという間に医療崩壊する。したがって，基本的な目標
としては，外出禁止，休校措置，企業への出勤禁止などさまざまな手段をとり，
基本再生産数を 1 より小さくすることとなる。

　コロナウイルスについては，未知な部分も多いが，標準的なデータから，コ
ロナウイルス発生前と比較し人への感染率を 6 割以上も減少させないと，数理
モデルの基本再生産数を 1 より小さくできないとなる。もちろん，現段階では
未知な部分もあるので，6 割では心許なく，7 ～ 8 割としたのだろう。さらに，
わかりやすい行動として，人との接触率の削減という指標が選ばれたのだろう。
人との接触を 8 割減らすというのは，至近距離で会話する人との接触であるの
で，例えば，週 5 日会社に出社していた人が週 1 日の出社に変更するのは，8
割減だろう。

　ここで，問題になるのは，基本再生産数を 1 より小さくするための措置には，

図 3-11　死者数とコストとの関係

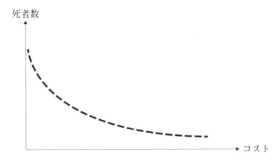

コストがかかることだ。例えば，上のプランＡは，何もしないので基本再生産数は１より大きく２〜５程度だが，コストレス。一方，プランＢは，基本再生産数は１より小さく，コストは 100 兆円以上。

　ここでわかることは，死者数とコストの間には図 3-11 のような二律背反（トレードオフ）があることだ。こうした理論的な考察から，本章執筆時点（2020 年 12 月）における新型コロナウイルス対応特別措置法は不十分といわざるをえない。というのは，同法では，休業補償の規定がないので，誰もコストを負担しないからだ。理論モデルから出てくるのは，誰かがコストを負担しないと，基本再生算数を１より小さくできない。例えば，休業助成金や休業補償である。財政の豊かな東京都はそれなりに出せるが，他の道府県は東京都のようにやるのは無理だ。筆者は，この理論モデルから，休業補償を政府にも進言している。2021 年の通常国会では，コロナ特措法の改正が議論されるので，休業補償の規定は盛り込まれるはずだ。上でも述べた通り，国には通貨発行権があるので，3ヶ月程度の休業補償を満額行っても 10 兆円程度であるので，対応できる。もっとも，今のコロナ特措法は不十分であるが，国から地方への臨時交付金の予算措置をしたので，とりあえずのところは地方財政が破綻しないですんでいる。これらの枠組みで，第１〜３次補正予算などは作られている。筆者はフレームのみしか関与しなかったので，予算の中身すべてを必ずしも把握していないが，全体の規模感からみれば，まずまずの結果だろう。

　OECD（経済協力開発機構）による世界経済見通しでは，2020 年の G7 諸国

図 3-12　コロナショック（横）と財政支出（縦）（OECD, G20 諸国，ともに対 GDP 比）

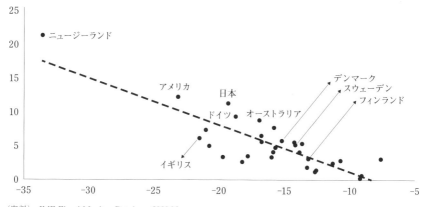

（資料）　IMF Fiscal Monitor Database 2020.06.
　　　　　OECD Economic Outlook 2020.06 により 2020 年と 2019 年の差に IMF による財政支出を加えて算出。

とユーロ圏の経済成長率は以下の通りだ。日本，アメリカ，カナダ，イギリス，フランス，ドイツ，イタリア，ユーロ圏はそれぞれ▲7，▲9，▲9，▲14，▲14，▲9，▲14，▲11 だ。「真水」に相当する財政出動・減税措置の対国内総生産（GDP）比でみると，この中で日本は 11.3% とアメリカに次いで 2 位の高さであるから，この程度でおさまっている（図3-12）。

　2020 年 12 月に事業費総額 73 兆円（財政支出 40 兆円）のコロナ経済対策がまとまった。財政支出 40 兆円の内訳は，コロナ拡大防止策 6 兆円，ポストコロナ経済構造転換 18 兆円，国土強靭化 6 兆円，予備費 10 兆円。これは，第 3 次補正予算と 2021 年度予算で手当される。まずマスコミ報道をみてみよう。そのためには，各紙の社説をみればいい。

・朝日「追加経済対策　財政規律を壊すのか」[13]
・毎日「コロナと追加経済対策　規模で不安は解消されぬ」[14]
・読売「追加経済対策　効果的支出で感染拡大抑えよ」[15]
・日経「経済対策の規模が膨らみすぎてないか」[16]
・産経「追加経済対策　実効性高めコロナ克服を」[17]
・東京「追加経済対策　財源への目配り足りぬ」[18]

　この中で，日経，朝日，毎日，東京は今回の経済対策を酷評している。日経
では，タイトルが「経済対策の規模が膨らみすぎてないか」。文中でも，「無駄
やばらまきを排除できたとは言い難い」，「最たる例は「国土強靱（きょうじ
ん）化」と銘打った防災・減災事業だろう」とし，最後に「競うべきは「賢い
支出」であって，経済対策の規模ではない」と締めくくっている。朝日はタイ
トルが「追加経済対策　財政規律を壊すのか」。社説以外の記事でも，今回の
経済対策によりと大量の国債発行となることについて，「新型コロナ前から先
進国で最悪レベルだった財政状況は一層の悪化が避けられない」と書いてい
た[19]。毎日は「いたずらに規模を押し上げると，将来へのつけ回しが増える
ばかりだ」としている。東京も「国債の増発が国の財政赤字を一層膨張させ，
借金を次世代につけ回ししていることは確かだ」と批判的だ。産経，読売は比
較的中立的に書いてあるが，かといって今回の経済対策を評価するという立場
ではない。総じてみると，①規模が大きすぎることと，②財政赤字で将来世代
への付け回しの2点を問題にしている。
　日経では，①の批判について，防災・減災事業（国土強靱化）をやり玉にあ
げ，「本当に必要な事業を選別したようにはみえない」としている。公共事業
が，費用便益分析による費用便益比の大小という客観分析によって採択される
ことを日経新聞は知っているのだろうか。もし知っていれば，これまで割引率
が15年程度前に設定された4%となっていることもわかっていたはずだ。割
引率は基本的に金利水準に連動するので，4%との水準は現在からみれば異様
に高すぎる。これでは，公共投資は4%以上収益がないと採択されなくなって
しまうので，逆にいえば，必要な公共投資は採択されずに，過小投資になって
いた可能性が高い。4%という割引率の見直しが政府内で検討されている。こ
うしたことをきちんと取材していれば，防災・減災事業が補正予算に含まれて
もいいとわかるはずだ。これまでの過小な公共投資を少しでも補うだけだ。
　それにしても酷いのが，日経社説の最後の「競うべきは「賢い支出」であっ
て，経済対策の規模ではない」との話だ。これでは，マクロ経済政策の基本が
わかっていないといわざるをえない。事実は，GDPは「1年前水準との乖離
は30兆円程度」あり，潜在GDPとの差，つまりGDPギャップも40兆円程

図 3-13　潜在 GDP と GDP（兆円）の推移

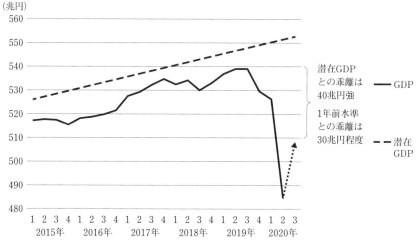

（資料）　内閣府，ただし，潜在 GDP は筆者試算。

度だ（図 3-13）。

　すでに書いた通り，GDP ギャップを放置すると，半年後以降の失業率が上昇する。おそらく失業率 2% 程度上昇，失業者でみれば 120 万人程度が増えるだろう。それに伴う自殺者は 6,000 人程度増えるだろう。マクロ経済政策の究極の目標は雇用の確保だ。それができれば自殺者の増加を抑えることもできる。以上のことから，GDP ギャップを経済対策の有効需要で埋めないと後で失業が増え，結果として命が失われるので，経済対策はまず規模というのが，マクロ経済学からは正解になる。日経社説の他，規模が問題ということを書いた記者は，マクロ経済学のイロハを学びなおしたほうがいい。

　ちなみに，今回の経済対策による支出が直接的に実質 GDP を下支え・押上げする効果は，内閣府試算によれば 3.6% 程度だ。これは，財政支出から，予備費，融資などを除いた真水ベースで今回の経済対策が 20 兆円程度というわけだ。予備費を含めれば，GDP ギャップのかなりの程度は埋められるので，マクロ経済政策としてはまずまずの出来といっていいだろう。こうしたことから，マクロ経済音痴な日経社説などで「規模が大きすぎる」と批判されたのは，

筆者からみれば，今回の経済対策は妥当な規模だと評価されたようなものである。

　②財政赤字で将来世代の負担増という批判は，朝日，毎日，東京で展開されているが，これまで議論してきた通りで間違いだ。なぜ，このようなレベルの低い新聞社説を各紙は出すのだろうか。それに対する筆者の邪推は，すでに述べたように，新聞は財務省からの新聞の消費税軽減税率や国有地の払い下げという恩恵を受けている上に，①マクロ経済学の無知や，②財務省からネタをもらうので忖度したのだろう。

　①は上に書いた通りで，きちんとしたマクロ経済学の基礎さえわかっていれば，無様な記事を書かないですむが，基本的な素養が欠けているのだろう。②については，記事を書いている記者は，ほとんど経済対策本文を読まないで理解もせずに記事を書くからだ。今回の経済対策本文資料は 57 ページもあり，全文を読むのも大変だが，内容を理解してる記者はまずいないだろう[20]。しかし，記事を書かなければいけないので，てっとり早く解説してくれる人に「取材」する。全体を要領よく解説できるのは，財務省官僚が好都合だ。財務省に「取材」すると，恨み節も聞ける。財務省にとって，今回の経済対策は「大きすぎる」からだ。もちろん，財務省も，GDP ギャップを埋めるべきということに反対しないが，公的需要だけでなく民間需要も含めて埋めるべきという言い方をする。今回の経済対策の策定過程でも，そうした財務省からの反論をよく聞いた。それに対する筆者の再反論は，こうした状況で民間需要が出てくるということは考えにくいということだ。ちなみに，内閣府モデルでは政府支出乗数は 1.1 もない。ということは，政府支出に対して誘発される民間需要が 1 割にも満たないことを意味しており，GDP ギャップは公的需要で埋めないと，将来の失業者や自殺者は不可避となってしまう。それでも，財務省としては，政治家を甘やかすとよくないという偏見がある。それらは，日経などの今回の経済対策を批判する新聞の記事の中にちらほらと散見される。

第6節　これからの経済政策

　最後に，今回の経済対策の中身にもふれておこう。今は，将来投資を行うに

は絶好のチャンスなので，ピンチをチャンスに変えられる。今回の経済対策などでは，政府による研究開発基金，環境関連グリーン基金，デジタル関連基金などの将来投資が盛り込まれた。そのほか，インフラ整備でも今絶好のチャンスである。官による投資だけではなく，一層の金融緩和や設備投資減税などで民間投資を誘発できればさらにいい。

　なぜ，そのような将来投資が生み出されたのか。その背景には，最近日本のノーベル賞受賞者は多いが，そのうち減るだろうとの筆者の予測がある[21]。ノーベル賞研究は，過去の功績を十分精査され，研究時期と受賞時期にズレがある。2000年代以降，ノーベル賞受賞が増えたのは，1970〜80年以降の研究が花開いたからだ。過去の投資が今になって生きているのだ。

　2016年にノーベル生理学・医学賞を受賞した大隅氏は，ノーベル賞受賞以前にも科研費や研究環境について訴えていた。「現在の科研費，とりわけ基盤研究の絶対額が不足しており，採択率がまだ圧倒的に低い。今の2，3倍になれば大学などの雰囲気も変わる」といっている[22]。

　通常の公的支援では，税金で集めて官僚や事業仕分けで研究費を配分するので，「選択と集中」というできないことを目指してしまう。しかし，基礎研究にかかる今後の公的支援を考えるには，まず，経済成長である。と同時に，従来の「選択と集中」に代わる原則として「パトロン的支援」が必要だ。その具体的策として，儲かっている企業や個人が大学の基礎研究に寄付して，それを税額控除する政策があげられる。

　今の時代には，それをさらに強化する政策が必要だ。実は，これは筆者が在籍していた財務省では密かに伝承されているものだ。結論からいうと，基礎研究の財源は，税ではなく国債で賄うというものだ。

　実は，この話は。統合政府のバランスシートに大いに関係している。さすがに財務省は，筆者のいう統合政府のバランスシートを表立って否定しない（できないだろう）。それで，マスコミや学者を使って，借金1000兆円をいたるところで吹聴し，それに騙される自称知識人も多い。

　その財務省でも，基礎研究と教育の財源は国債であると言い伝えられてきた。そのロジックは実に簡明だ。だから，財務省としてもまともにいわれたら反論できないのだ。こうした話は，財務省では「筋のいい話」という。基礎研究と

教育は「筋のいい話」だ。

　基礎研究や教育のように，懐妊期間が長く，大規模で広範囲に行う必要のある投資は，民間部門に任せるのは無理があり，やはり公的部門が主導すべきである。その場合，投資資金の財源は，税金ではなく，将来に見返りがあることを考えると，国債が適切であるからだ。「知識に投資することは，常に最大の利益をもたらす（An investment in knowledge always pays the best interest.）」というベンジャミン・フランクリンの名言もある。

　特に，教育は，将来の所得を増やすという実証分析結果は数多い。例えば，高等教育は将来所得増，失業減などで，便益／費用は 2.4 程度であるが，これは，現在の公共事業採択基準を軽くクリアしている。国債発行で教育を賄い，教育効果のでる将来世代に返してもらうことでいい。

　もっとも，基礎研究や教育を国債発行で賄うという考え方を財務省は公式にはほとんどいわない。ただし，2016 年 8 月出版の小村武・元大蔵事務次官の『予算と財政法』（五訂版）に興味深い記述がある。この本は，財政法の逐条解説であり，財務省主計局の法規バイブルである。著者は小村氏となっているが，その後も改訂されており，事実上の財務省の公的見解であるといってもいい。98 ページから，財政法第 4 条の解説がある。

第四条　　国の歳出は，公債又は借入金以外の歳入を以て，その財源としなければならない。但し，公共事業費，出資金及び貸付金の財源については，国会の議決を経た金額の範囲内で，公債を発行し又は借入金をなすことができる。
②　　前項但書の規定により公債を発行し又は借入金をなす場合においては，その償還の計画を国会に提出しなければならない。
③　　第一項に規定する公共事業費の範囲については，毎会計年度，国会の議決を経なければならない。

　98 ページには，

「財政法第四条第一項ただし書は，公共事業費，出資金及び貸付金の財源となる場合に例外的に公債発行又は借入金を許容している。これらはいずれも消費的支出ではなく，国の資産を形成するものであり，通常，その資産からの受益も長期にわたる

ので，これらの経費については公債発行又は借入れという形でその財源を賄い，その元利償還を通じて後世代にも相応の負担を求めることを許しているものと考えられる。

すなわち，財政法第四条は，負担の世代間公平という考え方に立って公共事業費等に限って公債発行又は借入れを認めるという形で健全財政の原則を定めたものと解される。」

とされ，99ページには，

「出資金については，形式的にみれば，利益配当請求権，残余財産分配請求権等の出資による権利が確保された資本的支出であり，それ自体国の資産と考えることができるものである。実体的にみても，出資金見合いの支出が有形無形の資産として残り，将来国民が利益を享受し得る。」

の後に，

「すなわち，出資金が投融資の原資や有形固定資産の取得に充てられる場合にはその資産性が明白であり，他方，研究開発費に充てられるような場合においても，技術の進歩等を通じて後世代がその利益を享受でき，その意味で無形の資産と観念し得るものについては，後世代に相応の負担を求めるという観点から公債対象経費とすることについて妥当性があるものと考えられる。」

と書かれている。

　投資の対象が，通常のインフラストラクチャーのような有形固定資産であれば当然のこととし，研究開発費を例示して，基礎研究や教育のような無形固定資産の場合も，建設国債の対象経費としうるとしているのだ。基礎研究や教育を投資と考え，国債発行で賄うというやり方は，財務省としても反論できないほど，まともである。この意味で，なぜこれまで実現できなかったのか不思議なくらいだ。この考え方はかなり普遍であるが，特に今の時期にやるのは望ましい。一つは，今の財政状況が悪くないからだ。二つ目は，このままでは日本の科学・教育投資はあまりに貧弱になってしまうからだ。

以上，コロナ経済政策に関する具体的な論考となる。

【注】

1 ）　https://sites.google.com/view/fumio-hayashis-hp/short-blogs-in-japanese/
%E6%94%BF%E5%BA%9C%E3%82%B3%E3%83%AD%E3%83%8A%E7%B7%8
A%E6%80%A5%E7%B5%8C%E6%B8%88%E5%AF%BE%E7%AD%96%E3%81%
AB%E3%81%A4%E3%81%84%E3%81%A6
2 ）　https://www.tkfd.or.jp/research/detail.php?id=3444
3 ）　http://shukan.bunshun.jp/articles/-/13515
4 ）　https://www.mof.go.jp/jgbs/issuance_plan/fy2020/issuanceplan200527.pdf
5 ）　https://www.boj.or.jp/statistics/boj/other/acmai/release/2020/ac200531.
htm
6 ）　https://www.mof.go.jp/public_relations/conference/my20200522_2.htm
7 ）　https://www.mof.go.jp/jgbs/reference/gbb/202009.html
8 ）　https://www.mof.go.jp/budget/report/public_finance_fact_sheet/fy2018/
national/fy2018gassan.pdf
9 ）　https://www.mof.go.jp/budget/report/public_finance_fact_sheet/fy2018/
national/fy2018renketsu.pdf
10）　https://www.boj.or.jp/statistics/boj/other/acmai/release/2019/ac190331.
htm
11）　https://www.imf.org/en/Publications/FM/Issues/2018/10/04/fiscal-
monitor-october-2018
12）　https://www.mof.go.jp/budget/report/public_finance_fact_sheet/index.
htm
13）　https://www.asahi.com/articles/DA3S14725904.html
14）　https://mainichi.jp/articles/20201209/ddm/005/070/066000c
15）　https://www.yomiuri.co.jp/editorial/20201208-OYT1T50297/
16）　https://www.nikkei.com/article/DGXZQODK082P20Y0A201C2000000
17）　https://www.sankei.com/column/news/201209/clm2012090001-n1.html
18）　https://www.tokyo-np.co.jp/article/73268
19）　https://asahi.com/articles/ASND86KWWND8ULFA00X.html
20）　https://www5.cao.go.jp/keizai1/keizaitaisaku/2020-2/20201208_taisaku.pdf
21）　http://gendai.ismedia.jp/articles/-/45793
22）　https://www.jsps.go.jp/j-grantsinaid/29_essay/no78.html

【参考文献】

小村武（2016），『予算と財政法［五訂版］』新日本法規出版。

第4章
経済モデルと政策研究*
——地域金融行政の実証分析——

真鍋　雅史

第1節　はじめに

　近年，地域金融市場に対する諸政策は大きな転換点にあるといえる。地域銀行の再編が加速しており，また独占禁止法の改正など競争政策も大きく変わりつつある。少子高齢化の進展やグローバル経済の深化は，わが国の地域経済構造を大きく変えてきている。少子高齢化による若年者の人口減少と，高齢者の相対的な増加は，生産活動の低迷をもたらすこととなった。都市部における労働力不足と相まって，地方から都市への人口流出も進んできている。グローバル化による世界的な競争の激化は，より高い生産性を求められ，このことも都市への資源の集中をもたらしている。一方で，グローバル化をチャンスと捉えて成長に結びつける地域もある。例えば，訪日外客数は年々増えてきており，2019年は3,188万人にまで達している。1999年の444万人と比べると20年で約7倍になったことがわかる[1]。地域の観光資源をうまく活かすことで多くのインバウンド需要を取り込むことも可能になる。また，野菜や果物，肉や魚といった一次産品のブランド化で成功する地域もある。ブランド化による高付加価値の一次産品を海外に輸出する事例も多く出てきている。

　そして，2020年に流行が世界的に拡大した新型コロナウイルス感染症（COVID-19）も地域経済のありようを大きく変化させようとしている。ここ数年，地域経済のリーディング産業であった観光関連産業は大きな打撃を受けている。永続的な需要減とは考えにくいものの，国際的な人的往来が厳しく制限される中で需要減は年単位で続くと考えられる。一方で，COVID-19を乗り越

えた先のニューノーマル経済は，ICT を活用することで空間的な制約からより開放されることになるであろう。すなわち，都市と地方という空間的な垣根が小さくなり，時代に即した対応で飛躍的に成長する地域が出てくる可能性もある。

　このような中で，地域経済の中核を担う役割を果たしてきた地域金融機関も大きな変革を迫られている。金融機関は一般に家計から集めてきた預金を，企業に貸し出し，あるいは国債といった債券を購入する。また残りの資金を日本銀行の当座預金に置いている。地域企業の生産活動の低迷は，貸出需要の低迷を意味する。異次元金融緩和の継続によって，国債金利はゼロの近傍にあり，また日本銀行当座預金の金利も「マイナス金利」といわれる状況になっている[2]。これらはすべて，地域金融機関にとっては収入の減少となる。さらに，金融技術と ICT を活用したフィンテックの登場によって，ICT 企業も金融業に新たに参入してきているほか，クラウドファンディング等の新しい資金調達手段も一般的になってきており，競争環境は大きく変わってきている。加えて，COVID-19 による経済構造の変化も大きな影響を与えると考えられる。特に空間的な制約が弱まることによって，地域的な競争環境が大きく変わることが予想される。結果として，地域金融機関は，これまで以上に効率的な経営が求められているといえよう。

　もちろん金融機関もさまざまな取り組みを続けてきている。この点は，次節でも改めて議論をするが，例えば，1990 年代後半の不良債権問題とその処理を契機として，すでに経営統合が進んでいる大手銀行は ICT の導入を進めるとともに店舗削減や人員削減を続けてきている。また従来の不動産担保に基づいた貸出ではなく，投資プロジェクトを評価する事業性融資にも改めて注目が集まっている。さらに顧客とのマッチングなどコンサルティングサービスと合わせた貸出も行われるようになってきている。これらの取り組みについては，従来から顧客と緊密な関係を築いてきている信用金庫や信用組合の中で特に積極的な金融機関が多く挙げられる。一方で地域銀行（地方銀行，第二地方銀行）は，もちろん事業性融資など新しい取り組みに積極的な金融機関もあるものの，やや中途半端な規模であることもあって，これまで目立った変革がみられなかったのも一面の事実であろう。実際，経営統合の事例は多くなく，これ

まで議論してきたような地域経済の厳しい環境を受けて，近年になって一転して再編が加速している。ここでは，経営統合によって，より効率的な経営がなされ，より厳しい競争環境にあっても事業性融資といった新しい貸出ができる経営体力を持つことが期待されている。

　そもそも，金融機関の経営統合は，どのような経済効果を持つのであろうか。実はこの点は，確固たる学術的な結論が得られているわけではない。2つの対立する仮説が存在する。一つは，米ハーバード大学エドワード・チェンバリン教授と英ケンブリッジ大学ロビンソン教授によって同時期に研究が進められた産業組織論に基づく議論である。市場の寡占度が上昇するとその市場の価格は上昇するというものであり，金融市場で考えると貸出金利は上がる（ないしは預金金利は下がる）ということになる。これは「市場構造成果仮説」と呼ばれている。もう一つは，米カリフォルニア大学ロサンゼルス校デムセッツ教授が提唱した，寡占度の上昇によって貸出金利は下がるとする「効率化仮説」と呼ばれるものである[3]。これは，規模の経済性とともに非効率な企業が効率的な企業に吸収されることで効率化されていく，という議論である。

　地域金融市場について，寡占度と貸出金利との関係を実際のデータを用いて分析した研究は，内外に数多く存在する。国内では例えば甲南大学筒井義郎教授らの一連の研究等がよく知られているが，国や時期によって結果はさまざまで，必ずしも確固たる結論は得られていない[4]。地域金融機関は地域経済にとって最も重要な機能の一つではあるものの，学術的な結論が得られていない中で，将来に向けて，地域金融機関の再編を促していく政策をとるべきなのか，地域金融市場の競争環境を重視する政策をとるべきなのか，判断は簡単ではないといえよう。

　筆者らは，金融庁金融研究センター特別研究員として，これまで議論してきたような地域金融市場について，研究を進めてきている。結論を先取りすると，最新のデータを用いた筆者らの研究では市場構造成果仮説よりも効率化仮説が支持されており，地域金融機関の再編は，地域金融機関をより効率的にさせ，新たな貸出需要を掘り起こすことが示唆されている。私たちの研究も一つの根拠となって，政府では地域金融機関の再編を促す諸政策を講じている。独占禁止法特例法の施行等がそれにあたる。そこで本章では，筆者のこれまでの地域

金融市場についての研究活動を紹介しながら，地域金融機関の再編と競争政策の展望について議論していきたい。また，このような政策分析にあたっては，経済学や統計学（計量経済学）がパワフルな役割を演じてくれる。そういった手法の解説も適宜加えていきたい。

　本章は以下のように進めていく。まず第2節では，地域金融市場と金融行政の現状について議論をする。具体的には金融機関の再編の動向と，関連する政策について議論をする。次に第3節では，基礎的な経済学のモデルを用いて，2つの仮説，すなわち市場構造成果仮説と効率化仮説を議論していく。さらに第4節では，現実のデータを用いて，2つの仮説の検証をしていく。ここでは統計学あるいは計量経済学の手法を用いて議論をしていく。最後に第5節は政策的含意を得て，今後の展望について議論したい。

第2節　地域金融市場と金融行政

　本節では，地域金融市場の現状と昨今の金融行政について概観していこう。

1. 金融機関の再編

　地域金融機関の再編はどのように進んできたのであろうか。それを示すのが図4-1，図4-2である。都市銀行については，バブル期の1989年には13行存在していたものの，現在では5行となり，1989年と比べると半分以下にまで再編されている。信託銀行についても同様であり，ピークとなる1998年34行から14行とこれも半分以下となっている。これらは1997年の北海道拓殖銀行や山一證券破たんに代表されるわが国金融危機以降に，再編が加速されていったものである。信用金庫，信用組合についても大きく行数を減らしており，89年に信用金庫454行，信用組合415行であったものが，2019年には信用金庫255行，信用組合145行にまで減少している。この間，信用金庫の行数は40%以上減少し，信用組合の行数に至っては約1/3にまで減少することとなった。一方で，地域銀行，すなわち地方銀行，第二地方銀行については，そこまで減少するに至っていない。第二地方銀行については，1989年68行から2019年38行と半分近くまで減少しているものの，地方銀行はほとんど横ばいである。

図 4-1　金融機関の行数（都市銀行，地方銀行，第二地方銀行，信託銀行）

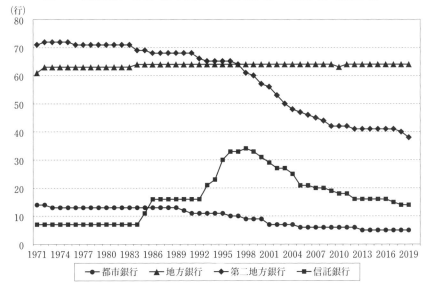

（注）　第二地方銀行は第二地方銀行協会加盟の銀行で，1991 年度までは相互銀行を含む。1987 年度までは相互銀
　　　　行の行数を示す。
（出所）　預金保険機構「機構財務リポート」より筆者作成。

2.　地域金融機関の現状

　再編が進んでいない地域金融機関であるが，少子高齢化の進展による地域経
済の低迷を背景として，その経営環境は厳しさを増している。図 4-3 は，地域
銀行の貸出残高と貸出利ざやを示している。これをみるとわかるように，貸出
残高は増加する一方で，貸出利ざやは大きく落ち込んでいるのがわかる。およ
そ 20 年で半減してしまっている。貸出残高が増加していることを考慮しても，
利益は大きく落ち込んでいることが推察されよう。

　このような厳しい経営環境を受けて，ようやく地域金融機関の再編も進んで
きている。図 4-4 は，近年の地域金融機関の再編事例を示している。一般に，
金融機関同士の合併よりも，持ち株会社化による経営統合の方が摩擦は少ない
が，一方で得られる効果も小さい。近年では，持ち株会社化を経て合併が行わ
れる事例も出てきている。

図 4-2　金融機関の行数（信用金庫，信用組合）

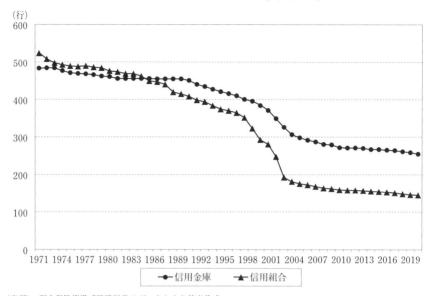

（出所）　預金保険機構「機構財務リポート」より筆者作成。

図 4-3　地域銀行の貸出残高と貸出利ざや

（注 1）　貸出利ざや＝貸出金利回り－資金調達利回り。
（注 2）　埼玉りそな銀行を含む。
（出所）　金融庁金融審議会「銀行制度等ワーキンググループ」（第 1 回）（2020 年 9 月 30 日）事務局説明資料。

図 4-4　地域銀行の合併・経営統合の状況

年度	2010	2011	2012	2013	2014	2015	2016	2017	2018	2019	2020	2021
地域銀行数	106	107	106	106	106	106	106	106	105	103	101	100

持株会社化
- 徳島・香川 ≫トモニHD (2010)
- きらやか・仙台 ≫じもとHD (2012)
- 鹿児島・肥後 ≫九州FG (2015)
- 横浜・東日本 ≫コンコルディアFG (2016)
- 常陽・足利 ≫めぶきFG (2016)
- 西日本シティ・長崎 ≫西日本FHD (2016)

持株会社化のち合併
- 徳島・香川・大正 ≫トモニHD (2016)
- 徳島・大正 ≫徳島大正銀行 (2020.1)
- 東京都民・八千代 ≫東京TYFG (2014)
- 東京都民・八千代・新銀行東京 ≫東京TYFG※1 (2016)
- 東京都民・八千代・新銀行東京 ≫きらぼし銀行 (2018)
- 三重・第三 ≫三十三FG (2018)
- 三重・第三 ≫三十三銀行※2 (2021.5)
- 近畿大阪・関西アーバン・みなと ≫関西みらいFG (2018)
- 近畿大阪・関西アーバン・関西みらい銀行 (2019)
- 第四・北越 ≫第四北越FG (2018)
- 第四・北越 ≫第四北越銀行※2 (2021.1)
- 福岡・十八・親和・熊本 ≫ふくおかFG (2019)
- 親和・十八 ≫十八親和銀行 (2020.10)

合併
- 池田・泉州 ≫池田泉州銀行 (2010)
- 十六・岐阜 ≫十六銀行 (2012)

※ 1：2018 年 4 月に東京きらぼし FG に商号変更。　※ 2：合併予定
(注 1)　持ち株会社と子会社の合併は除く。
(注 2)　地域銀行数に埼玉りそな銀行を含む。
(注 3)　FG はフィナンシャルグループ、HD はホールディングス、FHD はフィナンシャルホールディングスの略。
(出所)　金融庁金融審議会「銀行制度等ワーキンググループ」(第 1 回)(2020 年 9 月 30 日)事務局説明資料。

　このような中，同一県内における再編事例がでてきているが，その際に競争
環境についての懸念が指摘されるようになった。ともに新潟県に本店を置く第
四銀行と北越銀行は，2017年6月に公正取引委員会に対して統合計画を届け
出たものの，新潟県内10経済圏でみた統合後の中小企業向け貸出シェアが
40%から60%となることから，一次審査では結論が出ず，二次審査によって
2017年12月に統合を認める（排除措置命令を行わない）決定を下している[5]。
一方で2016年6月に統合計画を届け出たふくおかフィナンシャルホールディ
ングスと十八銀行の統合については，結論を得るまでに長期の時間を要するこ
ととなった。ふくおかフィナンシャルグループは福岡県に本店を置くものの，
長崎県佐世保市に本店を置く親和銀行を傘下に収めている。一方で十八銀行も
長崎県長崎市に本店を置いており，親和銀行と十八銀行の統合によって長崎県
内における貸出シェアは70%にもなり，公正取引委員会から懸念を示される
こととなった。最終的には，1,000億円規模の債権譲渡を柱とする問題解消措
置を両行が申し出ることで，2018年8月に統合が認められることとなった[6]。
　確かに，当該市場におけるシェアが高まれば，競争上の懸念が生じることは
理解できよう。一方で，そもそも厳しい市場の中で事業継続のために選択され
た統合であり，金融機関は一般に規模の経済性が認められることから，その統
合効果を削ぐような問題解消措置が果たして有効なのかについての議論が起こ
ることとなった。まさに前節でも議論してきた市場構造成果仮説と効率化仮説
の対立構造である。
　2018年11月に開催された第21回未来投資会議（安倍内閣総理大臣（当時）
を議長とする）では，この点が議題となり，杉本公正取引委員会委員長（当時）
が出席を求められ，ふくおかフィナンシャルホールディングスと十八銀行の統
合案件について説明を行っている[7]。これに対して，「県域にかかわらず，地
域経済の実情を踏まえ，地銀・乗合バス等の地方基盤企業の統合・強化・生産
性向上を図るため，地方基盤企業の経営統合に対する独占禁止法の適用のあり
方を検討する必要があるのではないか」といった議論が提起され，その後の独
占禁止法特例法の議論につながることとなった[8]。
　なお，この議論には，本章のもとになった研究成果が貢献している。第21
回会議においても平賀・真鍋・吉野（2018）の研究に言及されているほか，

2018 年 12 月 19 日に開催された未来投資会議地方施策協議会（第 1 回）では，公正取引委員会提出資料において筆者らの研究に対する反論が掲載されている。同日の金融庁提出資料においては，筆者らの研究に基づいた公正取引委員会の議論に対する再反論も掲載されている[9]。筆者らの研究内容については，次節以降で議論していこう。

3.　金融行政の変遷

　このような議論を受けて，地域金融機関の統合については，統合による地域経済への貢献が見込めることから，独占禁止法に基づく過度な措置が緩和されるべく，独占禁止法特例法が成立することとなった。独占禁止法特例法は 10 年間の時限措置として 2020 年 11 月 27 日に施行されている。ここでは，地方におけるサービス維持を前提として，統合後の市場シェアが高くなったとしても独占禁止法の適用除外となって統合が認められることとなった[10]。この特例法によって，金融庁は地域金融機関の経営統合を促進させることが可能となった。

　さらに日本銀行も，地域金融機関の経営統合を後押しすべく，2020 年 11 月 10 日に開催された政策決定会合において，3 年間の時限措置として地域金融強化のための特別当座預金制度の導入を決定している[11]。これは，経営統合等による経営基盤の強化を図った等，一定の要件を満たした地域金融機関に対しては，日本銀行当座預金金利を年 + 0.1% とする制度である。事実上の補助金の性格を持つ制度である。

　このように，金融庁や日本銀行が，近年それぞれ地域金融機関の再編を後押しする政策を打ち出してきているようになった。それぞれ，期間を限定した特別な措置であるため，今後地域金融機関の再編は一気に加速すると考えられよう。

第 3 節　地域金融市場の理論分析：経済学アプローチ

1.　基本モデル

　そもそも地域金融機関の再編は，地域金融市場にどのような影響を与えるの

だろうか。ここでは経済学の基礎的な分析枠組みを用いて議論していきたい。最も基礎的な経済学のモデルは，よく知られている需要曲線と供給曲線が交差する点で均衡価格と均衡数量が決定するという価格理論モデルであろう。この基礎的なモデルでさえ，非常にパワフルな役割を演じてくれる。そこで，この需要曲線と供給曲線からなるモデルを出発点として議論を進めていこう。

　ここでは貸出市場を考えよう。地域金融市場は大きく分けて2つある。家計と金融機関との間で資金を融通しあう市場（預金市場）と金融機関と企業との間で資金を融通しあう市場（貸出市場）である。地域金融機関の再編はどちらの市場にも大きな影響を与えると考えられるが，以下のような点で貸出市場の方がより重要だと考えられよう。一つは，近年の拡張的な金融緩和によって資金は市場に豊富にある状況だ。そのため，預金金利もゼロの近傍にあり，金融機関の資金需要は非常に小さな費用を支払うだけで満たすことができる。もう一つは，貸出は企業の設備投資につながり，その地域の生産力となるという点だ。つまり貸出は地域経済により大きな影響を与えうる。このような点から，貸出市場について議論をしていきたい[12]。

　貸出市場の需要曲線と供給曲線を考えよう。貸出市場の価格は貸出金利である。企業の貸出需要は金利が安ければ，多くなると考えられる[13]。企業はさまざまな投資プロジェクトを有しており，高い金利であれば，高い収益が見込めるプロジェクトは実行できる一方で，高い金利に見合う収益が見込めないプロジェクトは実行できない。低い金利であれば，高い収益が見込めるプロジェクトも，それほど高い収益が見込めないプロジェクトも金利に見合う収益が見込むことができれば実行できる。すなわち，縦軸に金利を横軸に貸出量をとったグラフを考えると，貸出需要曲線は右下がりとなる。一方，金融機関の貸出供給は金利が高ければ，多くなると考えられる。低い金利であれば，安全性の高い企業には融資ができる一方で，安全性が低い企業には，融資のための審査費用が多くかかり，融資ができない。高い金利であれば安全性の高い企業はもちろん，安全性が低い企業であっても，審査費用をかけて融資をすることができる。すなわち，先と同様に縦軸に金利を横軸に貸出量をとったグラフを考えると，貸出供給曲線は右上がりとなる。現実には，すべての企業に同じ金利で貸出を行うことはなく，価格は相対で決まっており，個別案件ごとにみると，

安全性が高い企業には低い金利が，安全性が低い企業には高い金利が提示されることが一般的ではあるが，市場全体の平均金利を考えれば，この基礎的なモデルが現実から大きく外れることはない。

　ここでもう一つ重要な点を指摘しておこう。それは，貸出供給曲線は，金融機関の限界費用曲線でもあるということだ。限界費用とは，金融機関が追加的に1単位供給（この場合は貸出）を増やしたときに増加する費用である。今，ある金融機関は，市場金利が5%で5億円を貸し出しているとしよう。このことは5%の金利収入で審査費用等の費用が賄える範囲のプロジェクトに貸出をしていて，それが5億円であることを意味している。このとき，追加的に1億円のプロジェクトに貸出をしようとするとき，それは5%の金利（収入）では費用に見合わないはずだ。もし費用に見合うのであれば，そのプロジェクトにも5%の金利で貸出がなされていたはずだからである。仮にこの追加的なプロジェクトが金利6%であれば貸出することができたとしよう。このことはすなわち，この追加的な1億円のプロジェクトは，6%の費用で貸出が行えることを意味する。これは限界費用に他ならない。結果として，5%，5億円と6%，6億円の点を結んだ貸出供給曲線は，限界費用曲線でもあるのだ。

　以上の関係を図で描くと以下の図4-5の通りになる。右下がりの曲線（描かれている線は直線ではあるが，より一般的には曲線となることも多いため，そう呼ばれる）が貸出需要曲線，右上がりの曲線が貸出供給曲線であり，金融機関の限界費用曲線となる。図中の点Cで需要と供給が一致し，そのときの価格が均衡貸出金利Rc，そのときの貸出量が均衡貸出量Lcとなる。

2.　地域金融市場の現状

　この基礎的なモデルを用いて，地域経済の低迷が地域金融機関に与える影響をみてみよう。地域経済の低迷は，地域の生産が落ち込むことであると考えられる。つまり過剰設備を償却し，新規設備を抑えることになる。このことは貸出需要の減少を意味する。同じ金利であっても，地域経済が低迷すると貸出需要は小さくなる。結果として，貸出需要曲線は左下にシフトすることになる。この状況を描いたものが，図4-6である。地域経済の低迷に伴って，元の貸出需要曲線Dから新しい貸出需要曲線D′にシフトする。すると均衡点は，点C

図 4-5

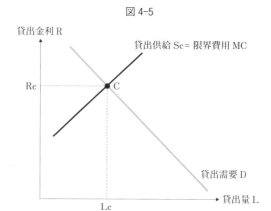

図 4-6

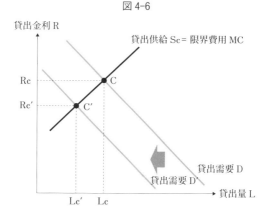

から点 C′ に均衡金利は Rc から Rc′ に，均衡貸出量は Lc から Lc′ にそれぞれ
移ることになる。このとき，金融機関の収入は貸出金利×貸出量で得られるた
め，地域経済の低迷によって Rc-C-Lc で囲まれた四角形の面積から Rc′-C′-Lc′
に囲まれた四角形の面積へと小さくなることがわかる。金融機関が経営を存続
させるためには，この収入の範囲に費用を抑えなければならない。結果として，
地域経済の低迷は地域金融機関の経営に大きな影響を与えることになる。

3.　市場構造成果仮説

　ここでモデルをもう少し現実に近づけていこう。まず冒頭で議論をした対立する 2 つの仮説（市場構造成果仮説と効率化仮説）のうち，市場構造成果仮説を議論していきたい。理想的な金融市場はこれまで議論してきた通りであるが，現実的な金融市場は，清涼飲料水や家電製品のような一般的な財・サービスと少し異なる。多くの財・サービスの市場は，一般的には完全競争市場と呼ばれており，第 3 節 1 でみてきたような市場である。完全競争市場では需要と供給が一致する市場均衡によって最も優れた配分が行えるということが知られている。数学的な証明は省くが，これを厚生経済学の第一基本定理と呼ぶ。

　完全競争市場とは，（ⅰ）売り手と買い手が多数存在していて，（ⅱ）（ほとんど）同一の財・サービスが取り引きされており，（ⅲ）企業は容易にその市場に参入できる，という市場のことである。金融市場はいずれも満たしているとはいえない。これは金融市場には，情報の非対称性やネットワーク外部性が存在するからである。

　情報の非対称性とは売り手と買い手の間に情報格差があるということだ。簡単に言えば，嘘をついても嘘であることが明らかにならない状況があるということである。金融市場では，売り手（供給者すなわち金融機関）よりも買い手（需要者すなわち企業）の方が多くの情報を有している。安全性も収益性も見込めない事業であっても，金融機関に対しては安全性や収益性が高いように説明をしようとする企業も存在する。そこで金融機関は，企業側の情報を完全に知ることはできないものの，少しでも知るために情報生産を行う。つまり金融市場では資金の取引の裏側では情報（あるいは信用）が取り引きされているとも考えられる。情報あるいは信用は買い手ごとに大きく異なるため，（ⅰ）や（ⅱ）が満たされているとはいえない。

　またネットワーク外部性とは，買い手が多くなるほど買い手の便益が増していくという状況があるということだ。非常に高い預金金利を提示する金融機関があったとしても，国内 1 店舗しか存在せずその店舗でしか預け入れや引き出しができないのであれば，便益は非常に小さい。店舗ネットワークが大きければ大きいほど，利用者の便益が高まっていくことになる。このような状況のために（ⅲ）も満たされない。新規参入をしようとするとき，1 店舗では既存の金

融機関ととうてい競争することができないため，新規参入には膨大な初期投資が必要となる。また，金融機関はネットワーク外部性を持つゆえに経営破たんの影響も非常に大きなものとなる。結果として，金融市場の参入には所管官庁による免許が必要になる。このため新規参入が容易ではなく，金融市場は寡占的になっている。

　完全競争市場ではない場合は，市場均衡は歪みを持ち，最も優れた配分が行えない。そこで政府は「市場の補完」という政策を実行し，完全競争市場に近づけようとする。具体的には公正取引委員会による独占禁止法に基づくさまざまな措置や，金融庁による行政措置等によって，寡占市場から完全競争市場に近づけようとしているものの，現実的には寡占市場の側面を持ってしまう。

　では寡占市場とはどのような市場であろうか。寡占市場では，価格をコントロールすることで供給者（金融機関）の利潤（＝収入－費用）が最も大きくなるような点で供給を行おうとする。利潤が最も大きくなるのは，金融機関の限界収入がその限界費用と等しくなる点である。限界収入とは金融機関が追加的に1単位供給（この場合は貸出）を増やしたときに増加する収入である。限界収入は，貸出量を増やしていけばいくほど小さくなっていく。これは貸出需要曲線が右下がりであるためであって，供給が増加すると価格（この場合は貸出金利）が下落するからである。さらに限界収入曲線は需要曲線よりも常に小さくなる。貸出金利5%で5億円の貸出供給を行っているとき，追加的に1億円の貸出供給を増やそうとする場合を考えてまみよう。（需要曲線から）貸出量が増えると貸出金利は下がるため，貸出金利4%でなければ6億円の貸出需要がないとするならば，貸出金利4%で6億円の貸出供給を行うことになる。このとき，もともと5%の貸出金利で貸出供給をしていた5億円についても，6億円の貸出供給をするときは平均的に貸出金利を4%に割引をしてしまっている。つまり5億円から6億円に貸出供給を増加させると需要曲線上の貸出金利は5%から4%に下落するため，金融機関にとっての限界収入は，追加的な1億円について貸出金利（すなわち収入）が1%下落するだけでなくもともとの5億円についても収入が減少することの影響を受ける。結果として追加的に1億円の貸出供給を増やしたときの需要曲線上の貸出金利の下落幅よりも限界収入の下落幅の方が大きくなり，需要曲線よりも限界収入曲線が小さくなるのだ。

図 4-7

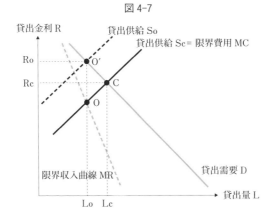

　限界費用は先に説明したように供給曲線と一致する。貸出を追加的に増やして
いったときに，限界収入＞限界費用であれば利潤は増えていく。追加的な 1
単位から得られる収入が費用よりも大きいためだ。さらに貸出を増やし続けて，
限界収入＜限界費用となってしまうと利潤は（プラスのままであったとして
も）小さくなっていく。それ以上貸出を追加しても，追加的な 1 単位から得ら
れる収入が費用よりも小さいためだ。つまり限界収入と限界費用との関係は，
貸出を増やしていくと，限界収入＞限界費用から限界収入＝限界費用となり，
その点を超えると限界収入＜限界費用となる。そして限界収入＝限界費用の点
で利潤が最大となる。先に議論したように，限界収入は需要よりも常に小さい
ため，寡占市場の貸出量（限界収入＝限界費用）の点は完全競争市場の均衡貸
出量（需要＝供給＝限界費用）よりも小さくなる。
　この状況を描いたものが図 4-7 である。完全競争市場では，需要曲線 D と
金融機関の限界費用曲線（完全競争市場では供給曲線）Sc＝MC が一致する点
C が均衡点となり，貸出金利は Rc，貸出量は Lc となっていた。寡占市場では，
限界収入＝限界費用となる点で供給される。すなわち限界収入曲線 MR と限
界費用曲線 MC が一致する点 O における貸出量 Lo が寡占市場均衡貸出量とな
る。このときの貸出金利は，貸出量 Lo に対応する需要曲線上の点 O′ から得
られる Ro が寡占市場均衡貸出金利となる。寡占市場では点 O′ で供給される

ことになるため，寡占市場における供給曲線は点 O′ を通る供給曲線 So となる。完全競争市場均衡貸出金利 Rc および完全競争市場均衡貸出量 Lc と寡占市場均衡貸出金利 Ro および寡占市場均衡貸出量 Lo とを比べると，寡占が進むことによって貸出金利は上昇し，貸出量は減少することになる。これが市場構造成果仮説に他ならない。寡占の度合い（これを寡占度と呼ぶことにしよう）によって，現実の均衡点は点 C と点 O′ との間にあると考えられる。寡占度が高まれば，より点 O′ に近づいて貸出金利は上昇し，貸出量は減少することになる。寡占市場均衡は金融機関にとっては利潤が増加し，少なくとも短期的には望ましい状況になる。しかし地域にとってはそうではない。貸出量の減少は，設備投資の減少を意味し，地域の生産資本の減少を意味する。すなわち，市場構造成果仮説が正しいとすれば，地域金融機関の再編（統合）によって寡占化が進むと，地域経済がより低迷してしまうことになりかねない。

〈コラム：厚生経済学の基本定理と政策論〉

　私たちの経済社会の中において，政府はどのような役割を果たすべきであろうか。厚生経済学が導く２つの基本定理は，政策論の出発点となる議論を提供してくれる。

　厚生経済学の第一基本定理の教えるところは，「完全競争市場のもとでは，市場均衡すなわち市場機能によって実現された結果は，パレート最適である」ということである。パレート最適については，厳密な定義は別の機会に譲りたいが，ここでは全員の効用（幸福度）がこれ以上改善しない状態と考えればよい。この定理には数学的に厳密な証明も与えられている。

　この定理の含意は何であろうか。この定理は，完全競争市場であれば，市場均衡が良い，ということを教えてくれていると同時に，完全競争市場でなければ，市場均衡ではパレート最適ではないということを示唆している。完全競争市場ではない場合に，市場均衡によって生じる問題のことを，「市場の失敗」と呼ぶ。完全競争市場ではない場合とは，例えば情報の非対称性や外部性がある場合だ。市場が完全ではない場合は，政策的に市場を補完して，パレート最適に近づけていくことが必要になる。以上から，政府の役割の第一は，市場の補完であるということがいえよう。

　ここで，ある疑問が生じるかもしれない。市場が完全かどうか，常にわかるわ

けでもない。情報の非対称性や外部性が全く存在しない理想的な完全競争市場は存在するのであろうか。わからないあるいは存在しえないのであれば，すべて政府が経済を制御すればよいのではないか。実は，この議論は正しいとは考えられない。なぜならば政府がいつも正しいことができるとは限らないからだ。これを「政府の失敗」と呼ぶ。腐敗や汚職がその好例だ。利権が発生するのも政府の特徴である。政府は強い権力を有しており，「政府の失敗」はときに甚大な被害をもたらすことになる。

　つまり，すべて市場に任せるのも，すべて政府に任せるのも適切とは言えない。市場に任せられるものはできるだけ市場に任せて，市場に任せられないものに限って政府に任せるのが良いと考えられよう。その判断の鍵となるのが，完全競争市場かどうか，つまり厚生経済学の第一基本定理の考え方である。

　厚生経済学には第二基本定理もある。厚生経済学の第二基本定理が教えるところは，「適切な所得分配をしてやれば，任意のパレート最適は市場均衡によって達成できる」，ということである。パレート最適は，ここでは全員の効用（幸福度）がこれ以上改善しない状態であったが，結果としてたどり着いた個人個人の幸福度には当然バラツキがある。全員が高い幸福度となり，これ以上改善しない状態となればパレート最適となるが，一部の人が高い幸福度にたどり着き，他の人々が低い幸福度のまま，しかしこれ以上改善しない状態もパレート最適となりうる。市場均衡によって達成されるパレート最適がどのようなパレート最適となるかは，初期条件によって影響されることになる。第二基本定理は，初期条件，すなわち初期の所得分布を変えることで，任意のパレート最適はすべて市場均衡によって実現できるということを示している。逆に言えば，初期状態に社会正義の観点から著しい不公平，不平等があったとしても，この点について市場機能は何の役割もしない，という含意を持っている。以上から，政府の役割の第二は，所得再分配であるといえる。ここで注意すべきは，初期条件としての所得再分配が政府の役割だということだ。つまり，機会の平等が重要であって，結果の平等が政策的に必要とされているわけでは，少なくとも経済学の想定している範囲では，ないということである。

4.　効率化仮説

　つぎに，もう一方の仮説である効率化仮説について議論していこう。市場構造成果仮説と同じモデルを用いて議論することができる。先に議論したように，金融市場にはネットワーク外部性が存在する。この結果として金融機関は規模

図 4-8

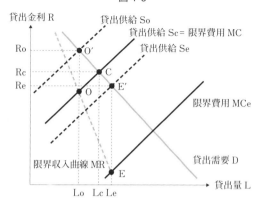

の経済性が知られている。金融機関は規模が大きくなるとネットワーク外部性を発揮して，需要者はより多くの利便性を感じることになり，拡大した規模以上に需要を集めることが可能になる。すなわち効率的に経営を行うことができる。情報の非対称性が存在することも規模の経済性を発揮させる。X銀行とY銀行が共に企業Zに貸出をしている場合を考えてみよう。当然X銀行とY銀行は競争しているため，企業Zに関して知りえた情報を共有することはない。銀行Xと銀行Yはそれぞれ費用をかけて企業Zについての情報生産を行うことになる。ここで銀行Xと銀行Yが経営統合するとどうなるであろうか。企業Zにかかっていた情報生産の費用は大きく減少することになろう。地域金融機関の再編は，一般には規模の拡大であり，寡占度の上昇を意味する。すなわち寡占度の上昇は金融機関の限界費用曲線を下方にシフトさせうる。

　この状況を描いたものが図4-8である。先と同様に，完全競争市場均衡は点Cである。効率化仮説を考えない寡占市場均衡は点O′となる。金融機関の限界費用曲線は効率化仮説を考えない限界費用曲線MRから効率化効果を考える限界費用曲線MReへと下方にシフトする。このときの限界費用と限界収入は点Eで一致する。このときの均衡貸出量はLeとなり，均衡貸出金利は，Leに対応する需要曲線上の均衡点E′から得られるReとなる。効率化仮説による限界費用曲線の下方シフトの度合いによるものの，効率化仮説を考えた寡占

市場均衡における貸出金利 Re および貸出量 Le は，効率化仮説を考えない寡占市場均衡における貸出金利 Ro および貸出量 Lo はもちろん，完全競争市場均衡における貸出金利 Rc および貸出量 Lc よりも，貸出金利は低下し，貸出量は増加する可能性があることがわかる。このことは，市場構造成果仮説とは全く逆の結論が導かれることになる。すなわち，効率化仮説が正しいとすれば，地域金融機関の再編（統合）によって寡占化が進むと，貸出量の増加すなわち設備投資の増加によって，地域の生産資本が増加する。結果として地域経済がより活性化する可能性があるのだ。

5.　数学的表現

　最後に，以上の関係性を数学的な表現で記述してみよう。数学的な表現は，より簡潔に関係性を表現することができる。そして次節で議論をする統計学的分析とも親和性がある。

　まず需要曲線を需要関数として表現しよう。貸出需要を L^d，貸出需要関数を $D(\cdot)$ とすれば，

$$L^d = D(R, X^d) \tag{1}$$

と書くことができる。ここで R は貸出金利，X^d はその他の需要に与える要因である。具体的な X^d については次節で議論しよう。これを最も簡便な線形関数で表現すると以下のようになる。

$$L^d = d_0 + d_1 R + d_2 X^d \tag{2}$$

　ここで，d_0 から d_2 はパラメタである。特に d_1 は，これまで議論してきたように貸出金利が上昇すると貸出需要は減少すると考えられることから，マイナスの符号を持っていると考えられる。

　次に供給曲線を供給関数として表現しよう。貸出供給を L^S，貸出供給関数を $S(\cdot)$ とすれば，

$$L^S = S(R, \Omega, X^S) \tag{3}$$

と書くことができる。ここで Ω は寡占度，X^S はその他の供給に与える要因で

ある。具体的な X^S についても次節で議論しよう。同様に線形関数で表現すると以下のようになる。

$$L^S = s_0 + s_1 R + s_2 \Omega + s_3 X^S \tag{4}$$

ここで，s_0 から s_3 はパラメタである。特に s_1 は，これまで議論してきたように貸出金利が上昇すると貸出供給は増加すると考えられることから，プラスの符号を持っていると考えられる。注目すべきは，寡占度 Ω のパラメタ s_2 の符号である。市場構造成果仮説が卓越している場合は $s_2 < 0$ と考えられ，逆に効率化仮説が卓越している場合は $s_2 > 0$ と考えられる。この s_2 の符号が得られれば，市場構造成果仮説と効率化仮説のどちらが卓越しているのかを見極めることができる。

ここで需給は均衡するので，以下が成り立つ。

$$L^d = L^S = L \tag{5}$$

ここで，L は均衡貸出量である。(2)(4)(5)を連立して解くと，以下が得られる。

$$L = \frac{d_0 s_1 - d_1 s_0}{s_1 - d_1} + \frac{s_1 d_2}{s_1 - d_1} X^d + \frac{-d_1 s_2}{s_1 - d_1} \Omega + \frac{-d_1 s_3}{s_1 - d_1} X_S \tag{6}$$

$$R = \frac{d_0 - s_0}{s_1 - d_1} + \frac{d_2}{s_1 - d_1} X^d + \frac{-s_2}{s_1 - d_1} \Omega + \frac{-s_3}{s_1 - d_1} X^S \tag{7}$$

ここで，寡占度 Ω に係るパラメタを評価しよう。$d_1 < 0$, $s_1 > 0$ であるため，$s_1 - d_1 > 0$ である。また，市場構造成果仮説では $s_2 < 0$，効率化仮説では $s_2 > 0$ である。均衡貸出量関数における Ω に係るパラメタ $\frac{-d_1 s_2}{s_1 - d_1}$ は，分母が正，分子の $-d1 > 0$ であることに注意すれば，市場構造成果仮説では $\frac{-d_1 s_2}{s_1 - d_1} < 0$，効率化仮説では $\frac{-d_1 s_2}{s_1 - d_1} > 0$ となる。すなわち，市場構造成果仮説では寡占度の上昇は貸出量を減少させ，効率化仮説では寡占度の上昇は貸出量を増加させることとなる。均衡貸出金利関数における Ω に係るパラメタ $\frac{-s_2}{s_1 - d_1}$ は，分母が正であることに注意すれば，市場構造成果仮説では，$\frac{-s_2}{s_1 - d_1} > 0$，効率化仮説では $\frac{-s_2}{s_1 - d_1} < 0$ となる。すなわち，市場構造成果仮説では寡占度の上昇は貸出金利

を上昇させ，効率化仮説では寡占度の上昇は貸出金利を低下させる。これらの結果は，当然のことながらこれまで議論してきたモデルと同じ帰結が得られている。

　もし何らかの方法で寡占度Ωを計測することができ，またパラメタをそれぞれ推定することができれば，市場構造成果仮説と効率化仮説のどちらかが卓越しているかを判断することができる。地域金融機関の再編が地域経済に与える影響については，どちらの仮説が卓越しているかで効果が真逆となる。このことは，とるべき政策も真逆になるということを意味する。もし市場構造成果仮説が卓越しているとするならば，競争を促すことが重要で，寡占度を高めるような再編は認めるべきではない。逆に効率化仮説が卓越しているのであれば，地域金融機関の再編を促すことが重要であろう。

　この判断はパラメタの符号に依存するため，理論モデル分析だけでは結論を得ることができない。そこで次節で実際のデータを用いて検証していくことにしよう。

第 4 節　地域金融市場の実証分析：統計学アプローチ

　ここでは，第 3 節で得られたモデルに基づいて，実際のデータを用いてパラメタを推定した，平賀・真鍋・吉野（2017）の結果を紹介していこう[14]。統計学の最も強力な分析手法の一つである回帰分析によって，パラメタを推定していきたい。経済分析のための統計学は，計量経済学という学問領域として発展をしてきている。今回は回帰分析のうち，パネル推定という計量経済学の方法論を用いたい。パネル推定については改めて議論をしよう。

1.　データ

　まず分析に必要なデータについて議論をしていこう。分析に必要なデータは，貸出量，貸出金利，寡占度，その他の需要に与える要因，とその他の供給に与える要因である。データは，都道府県データを 2010 年度から 2014 年度までの 5 年間分を収集し，横断面×時系列のプールデータとして分析に用いることとした。サンプルサイズは 235 である。後にも議論をするように，都道府県別デ

ータを用いることには少し注意が必要である。この背後には，都道府県単位を一つの地域金融市場として扱うという暗黙の仮定がある。例えば地方放送局については，一部の広域圏を除けば県別に放送免許が交付されている一方で，金融機関については営業地域が都道府県という行政単位に縛られることはない。つまり，地域金融機関は都道府県境を越えて営業を行っており，都道府県単位を一つの地域金融市場として捉えるのには課題があることも事実である。一方で，都道府県単位よりも小さい単位の経済データは利用可能ではないものも多い。そこで，データの制約もあり，今回は都道府県単位で分析を行うことにした[15]。

　次に貸出量は，金融庁が収集している金融機関別都道府県別貸出残高を用いて都道府県合計を集計して用いた。貸出量については，新規貸出（フロー）と貸出残高（ストック）のどちらを用いるかという課題があるが，データが比較的容易に入手できる貸出残高を用いた。貸出残高の方が変動は小さく，傾向が捉えやすいという点も理由である。なお金融庁のデータは対外的に公表されているものではない。筆者らが金融庁金融研究センター特別研究員として，特別に利用が認められたものである。同様のデータについては，日本銀行が都道府県別に貸出金を公表しているが，ここでは以下で議論する寡占度指数と出所を揃えるため金融庁のデータを用いた。

　また貸出金利については帝国データバンクによって企業の決算データから推計されている都道府県別のトリム平均金利を用いた。トリム平均とは最小値（およびその近傍）のデータと最大値（およびその近傍）のデータを除外して計算された平均である。最小値や最大値は特殊な場合が多く，ときに平均を大きく引っ張ってしまう。そこでそれらを取り除いた平均値を用いている。

　寡占度を示す指標として，ハーフィンダール・ハーシュマン指数（HHI）を計測し，これを用いた[16]。HHIは，市場の寡占度を評価するために最も用いられる指標であり，公正取引委員会の判断にも用いられている。HHIは当該市場における各企業のシェアの2乗和で求めることができる。その市場に1社しか存在しなければ（完全独占），HHIは1（＝100%×100%）となる。複数社あれば，HHIの値は小さくなり，0に近づいていく。つまり，HHIが大きければ（1に近ければ）寡占度が高く，HHIが小さければ（0に近ければ）寡占

図 4-9　ハーフィンダール・ハーシュマン指数（2014 年度末）

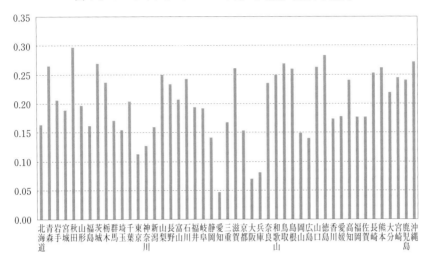

度が低いと考えることができる。都道府県別金融機関別の貸出金残高シェアについては，先に議論した貸出残高と同じ金融庁が収集している金融機関別都道府県別貸出残高を用いた。なお，計測された 2014 年度末のハーフィンダール・ハーシュマン指数は図 4-9 の通りである。これをみるとわかるように，都道府県間で寡占度は大きく差があるようにみえる。特に愛知県や大阪府といった都市圏で寡占度が低く，一方で秋田県といった地方部で寡占度が高いことがわかる。これには，都市圏には他の地域で運営を行っている金融機関も支店を有している場合が多くあることも影響していると考えられる。

　次に，その他の需要に与える要因とその他の供給に与える要因について議論しよう。ここでは，その他の要因として，地域の経済状況を捉える変数を用いる。具体的には，就業者数，失業者数を用いる。これらは需要にも供給にも影響を与えると考えられる。就業者数が多い，あるいは失業者数が少ない地域は，地域経済が好調であり貸倒リスクも小さい。結果として，貸出需要も多く，また貸出供給も多いと考えられる。逆に，就業者数が多い，あるいは失業者数が少ない地域は，貸出金利は低下すると考えられる。就業者数については，総務

表 4-1　記述統計

	貸出金利	貸出残高	就業者数	失業者数	HHI
単位		兆円	10 万人	10 万人	
データ数	235	235	235	235	235
平均	0.018	11.577	1.345	0.059	0.197
標準偏差	0.002	28.423	1.371	0.167	0.057
最大値	0.024	206.655	7.329	0.405	0.298
最小値	0.014	1.548	0.286	0.008	0.047

省『労働力調査』の就業者数，失業者数については総務省『労働力調査』の失業者数を用いた。なお，就業者数および失業者数については，貸出金利の時点と同じ 3 月の値を用いている。最後に，記述統計を示しておきたい。記述統計は表 4-1 の通りである。

2.　推定モデル

推定モデルは，第 3 節で得られたモデルを線形で仮定した以下のようなモデルを用いる。

$$R_{it} = r_{0i} + r_1 E_{it} + r_2 U_{it} + r_3 HHI_{it} + v_{it}$$
$$L_{it} = l_{0i} + l_1 E_{it} + l_2 U_{it} + l_3 HHI_{it} + l_{it}$$

ここで，R_{it} は貸出金利，L_{it} は貸出残高，E_{it} は就業者数，U_{it} は失業者数，HHI_{it} はハーフィンダール・ハーシュマン指数である。添え字の i は都道府県，t は時点を示す。また，r_{0i}，l_{0i} は定数項，r_1 から r_3，l_1 から l_3 はパラメタ，v_{it}，w_{it} は誤差項である。

貸出金利関数については，r_3 は市場構造仮説が卓越すれば正，効率化仮説が卓越すれば負となる。一方で，貸出残高関数については，l_3 は市場構造仮説が卓越すれば負，効率化仮説が卓越すれば正となる。

3. 推定方法

　推定はパネル推定を行った。貸出金利関数，貸出残高関数ともに，ハウスマン検定を行い，いずれも「変量効果モデルの定式化に誤りはない」という帰無仮説が1%水準で棄却できるため固定効果モデルの結果で評価していくこととする。

〈コラム：計量経済分析〉

　需要曲線や供給曲線を考えるとき，需要ないし価格との関係性はもちろん，その傾きも重要となってくる。価格変化に対して，需要や供給がどの程度変化するかを知ることは，経営戦略や公共政策でも極めて重要な知見となる。この傾きを求めるために強力な役割を果たすのが統計学である。特に経済分析のための統計学は，計量経済学（エコノメトリクス）と呼ばれて発展してきた。ここではその手法を簡単に説明していこう。

　具体例として需要曲線を考えよう。一般に，価格が上昇すると需要は減少するために，右下がりの曲線として描かれる。関係性を線形（一次関数）と仮定して，数学的に表現すると，以下のようになる。

$$D = a + bP$$

　ここで，Dは需要，Pは価格，a，bはパラメタである。特にaは切片であり，定数項と呼ぶ。またbは需要曲線の傾きであり，スロープパラメタと呼ぶ場合がある。ちなみに，需要関数は一般に縦軸に価格，横軸に数量として描かれる。一方で一次関数（$y = a + bx$）を描く場合は縦軸をy，横軸をxとする。比べてみるとわかるように，需要関数は縦軸と横軸が逆になっているように感じる。これは需要関数と供給関数に限られた慣習的な描き方であって，経済学においても$y = a + bx$という形式で表現される場合は，縦軸をy，横軸をxとする場合がほとんどである。

　さて，ここでパラメタaおよびbはどのように求められるであろうか。一つの方法は，需要と価格のデータの組み合わせを多く集めてきて，平均的なパラメタaおよびbを求めようとする方法である。これを回帰分析と呼ぶ。

　データは，大きく分けて2種類考えられる。一つは時系列データ（あるいはタイムシリーズデータ）といって，ある事象について，複数の時点のデータを収集したものである。例えば，日本を訪問する外国人観客は，為替レートに強く影

響すると考えられる。円安になれば，外国人観光客は日本の物価は安いと感じ，その数は増加する。逆に円高になれば，減少する。そこで例えば，2001年から2020年の各年の外国人観光客数と為替レート（年平均）を収集することで，平均的な関係を捉えることができる。もう一つは横断面データ（クロスセクションデータ）といって，ある時点について，複数の個体のデータを収集したものである。例えば，出生率を上昇させるためには充実した子育て支援が必要であると考えられる。子育て支援は自治体ごとに異なっており，人口一人当たり子育て支援予算額も当然異なってくる。そこで例えば，2018年度の市区町村別の出生率と人口一人当たり子育て支援予算額を収集することで，平均的な関係を捉えることができる。

　議論を需要関数に戻して，具体的にパラメタを推定する方法を議論していこう。需要と価格のデータについて，時系列データが収集できたとしよう。それをD_tとP_tとしよう。添え字のtは時点を表す。仮にデータからパラメタaおよびbが推定できたとして，それを$\hat{a}$, $\hat{b}$としよう（頭の記号 ^ はハットと呼ぶ）。これを推定量あるいは推定値と呼ぶ。このとき，以下の関係式が得られる。

$$D_t = \hat{a} + \hat{b}P_t + u_t$$

　ここで，u_tを誤差項と呼ぶ。需要は価格以外の変数からも影響を受ける。天候や気温，その日の気まぐれな気分等，ごく微小な影響を与えるものも考えられる。$\hat{a}$, $\hat{b}$は平均的な推定値であるので，D_tと$\hat{a} + \hat{b}P_t$とが，すべての時点において完全に一致することはありえず，誤差が生じる。これを誤差項とする。またこの形式において，左辺の変数（この場合はD_t）を被説明変数，あるいは従属変数，右辺の変数（この場合はP_t）を説明変数，あるいは独立変数と呼ぶ。

　このとき，$\hat{a}$, $\hat{b}$をどのように求めればよいであろうか。最も基礎的な推定方法が最小二乗法である。最小二乗法は，誤差の総和が最も小さくなるように$\hat{a}$, $\hat{b}$を求めようとする方法である。ただし誤差項は，時点によって正の誤差が生じる場合もあるが，負の誤差が生じる場合もある。単純に足し合わせると正の誤差と負の誤差とで打ち消しあってしまう。そこで，誤差の二乗和が最小になるような$\hat{a}$, $\hat{b}$を求める。これが最小二乗法に他ならない。また推定された$\hat{a}$, $\hat{b}$を最小二乗推定量と呼ぶ。

　実際の推定は，さまざまな統計ソフトウェアによって計算がなされる。より複雑なモデルであっても，近年の計算速度の向上によって，ほとんどの場合はごく一瞬のうちに推定量が得られるようになっている。

　さて，得られた推定量$\hat{a}$, $\hat{b}$は意味があるものであろうか。この判断枠組みを

仮説検定と呼ぶ。最もよく知られている検定が t 検定である。ここでは詳細な議論は省くが，以下のような過程で検定を行う。

（ⅰ）$\hat{a}$ または $\hat{b}$ が意味がない（$\hat{a}=0$ または $\hat{b}=0$ である）という仮説（これを帰無仮説と呼ぶ）を立てる。

（ⅱ）帰無仮説を検定するために t 統計量を得て（t 検定と呼ぶ），ここから帰無仮説が成立する確率（p 値として得られる）を計算する。

（ⅲ）p 値が，10％，5％，あるいは 1％ 以下であれば，帰無仮説が成立する可能性は極めて小さいと考えて，これを棄却する。

結果として，帰無仮説が棄却できれば，すなわち「意味がない」とはいえないので，意味がある，すなわち有意な結果として評価をすることになる。

以上の過程を経て，需要関数を定量的に捉えることができるようになる。適切なモデルを構築し，分析することができれば，経営戦略の変更や公共政策の変更がどのような影響を与えるのかを定量的に捉えることができるようになるのだ。

なお，本章では，データ数を確保するために，時系列×横断面のデータを用いている。これをプールデータという。近年，経済社会の変動は激しく，（長期の）時系列データを用いると安定的な結果が得られないことも多い。一方で，横断面データも個別要因の変動が大きい場合は，適切な結果が得られにくい。これを解決するための一つの方法が，プールデータを用いて分析することである。ただし，プールデータについてはそのまま最小二乗推定を適用することには，問題がある場合がある。そこでパネル推定法という方法で推定することになる。パネル推定には，個別効果の捉え方に関して 2 種類の方法があり，それぞれ固定効果モデル，変量効果モデルと呼ぶ。この 2 つのモデルの選択はハウスマン検定で評価することができる。本章のモデルでは，ハウスマン検定を行い，変量効果モデルで推定を行っている。

4．推定結果

得られた推定結果をみていこう。**表4-2** が貸出金利関数および貸出残高関数の推定結果である。就業者数については，貸出金利関数，貸出残高関数ともに正に有意である。これは少し解釈が難しいが，就業者数すなわち地域経済の活性化度が貸出需要を強く押し上げていることが示唆される。失業者数については，貸出金利関数は正に有意，貸出残高関数は負に有意である。失業者数の増加は貸し倒れリスクの増加と関係するため，貸出金利が上昇し，貸出残高も減少しているものと考えられる。

表 4-2　推定結果

	貸出金利関数	貸出残高関数
定数項	0.0061 (1.0258)	− 35.9466*** (− 6.4545)
就業者数	0.0175*** (4.7974)	32.5207*** (9.4826)
失業者数	0.0700*** (8.9297)	− 9.5940 (− 1.3049)
HHI	− 0.0802*** (− 6.2830)	22.0711* (1.8431)
adj R²	0.7771	0.9990

（注）　括弧内は *t* 値。*** で 1% 水準，** で 5% 水準，* で 10% 水準でそれぞれ
有意であることを示す。

　そして，寡占度指数であるハーフィンダール・ハーシュマン指数（HHI）に
ついては，貸出金利関数では負に有意であり，貸出残高関数では正に有意であ
る。このことは，少なくとも分析期間中においては，寡占度が高まることによ
って貸出金利が低下し，貸出残高が増加することを示している。すなわち，市
場構造成果仮説よりも効率化仮説の効果の方が大きいという結果が得られてい
る。結果として，地域金融機関の合併・統合により，規模が大きくなった地域
金融機関は，経営の効率性が増し，貸出金利を低下させるほか，新たな貸出を
生みだしていることが示唆される。

　なぜ独占の弊害は，地域金融市場において発生しにくいのであろうか。それ
は，都道府県単位の地域金融市場は開かれており，常に競争可能性（Contest-
ability）を有しているといえるためであると考えられる。仮にA県において地
域金融機関の経営統合が進み，A金融機関による1社独占の状況になったと考
えてみよう。このときA金融機関がA県内にある企業に対して貸出金利を引き
上げようとするとどのような状況が発生するだろうか。短期的には貸出金利は
上昇する可能性もあるが，そうなれば，すぐに隣接する県から他の金融機関が
参入することになる。あるいは企業が隣接する県を訪問して融資の相談に行く
ことになる。地域金融機関は，営業地域に法令上の定めがあるわけではない。
そのため金融機関はいつでも都道府県境を越えて貸出供給をすることができ，

地域金融市場は開いており，競争可能性（Contestability）を有している。言い換えると，借入需要があれば，その都道府県の外の金融機関が，当該の県に，いつでも入ってくることができる状態になっているということである。このような状態であるため，市場構造成果仮説よりも効率化仮説の方が卓越しているという結果が得られたと考えられよう。

第5節　政策的含意と今後の展望

それでは最後に，これまでの議論をまとめていこう。これまで，わが国の地域金融市場について議論を行ってきた。具体的には，地域金融機関の再編，すなわち地域金融市場における寡占度の上昇がどのような影響を与えるかについて，経済学モデルを用いた理論分析と，実際のデータを用いた実証分析とを行った。

第3節の理論分析では，対立する2つの仮説を議論してきた。寡占度が高まることで貸出金利が上昇し，貸出量が減少するという市場構造成果仮説と，寡占度が高まることで貸出金利が低下し，貸出量が増加するという効率性仮説について示した。

第4節の実証分析では，ハーフィンダール・ハーシュマン指数（HHI）という寡占度指数を計測し，貸出金利関数と貸出残高関数の推定を行った。実証分析で得られた主要な結論は，以下の通りである。HHIと貸出金利との関係は，負に有意であり，また頑健な結果が得られた。さらに，HHIと貸出残高との関係は，正に有意であり，また頑健な結果が得られた。すなわち，市場構造成果仮説を上回って，効率化仮説の効果が大きいという結論が得られた。

第2節で議論してきたように，依然として極めて小規模でかつ地域を限定した金融機関が数多く存在している。近年では，合併等によって信用金庫や信用組合，第二地方銀行の行数が減少してきているものの依然として数多くあり，また地方銀行については合併などがあまり進んでいない。このことは，競争的で効率的な地域金融市場に寄与していないだけではなく，逆に非効率な地域金融機関が温存されている可能性もある。

このような状況下では，どのような政策が必要であろうか。一つは，地域金

融機関の再編を過度に阻害しない政策である。地域金融機関の再編は，独占禁止法に抵触する場合がある。独占禁止法の趣旨は，公正かつ自由な競争を促進させることである。すなわち，独占ないし寡占による弊害を防ごうとするものである。少なくとも筆者らの研究によれば，地域金融市場においては，地域金融機関の再編は寡占の弊害よりも効率化の効果が大きいという結果が得られている。つまり，再編を過度に制限する必要はないということである。もちろん，公正で自由な競争は不可欠であり，公正取引委員会の役割は小さくない。引き続き，地域金融市場が公正で自由な競争市場であるように監視しつつ，そのような競争環境を損なわない範囲で，再編を認めていくべきであろう。この点については，現実に実行されることとなった。独占禁止法特例法によって，一定の要件を満たすことで独占禁止法の適用除外となることとなった。

　もう一つは，再編を促していく政策もあってよいと考えられる。再編を促す政策手段はいくつか考えられるが，まず一定の経済的なインセンティブを付けることが考えられよう。すなわち，再編に取り組んだ金融機関には一定の便益があるようにするという方法である。金融機関の再編は，一時的には費用となる。システムの統合や店舗の統廃合にも費用が発生するためだ。また，人事制度や社員意識の違いなども障害となりうる。このような観点から，再編に踏み切れない事例も少なくない。そこで，経済的なインセンティブを付けることが考えられる。この点についても，現実に実行されることとなった。再編を行った金融機関については，日本銀行が当座預金の金利に付加する政策が行われることとなった。

　もちろん，地域金融機関は公共性を持つとはいえ，あくまでも私的企業である。地域金融機関の再編は，それぞれの金融機関の自由意志によって行われるべきであって，政府が個別具体的に関与することが望ましくないという点も重要であろう。

　最後に，地域金融市場の展望について議論していこう。地域金融市場の環境は大きく変わりつつあり，ダイナミックな変化が起こることが予想される。ICTの活用や他業種の新規参入も考えられる。COVID-19に伴うニューノーマル時代には，空間的な制約が薄れつつあり，地域金融市場の概念自体も変化する可能性もある。このような中で，地域金融機関は単に担保を取って貸出を行

うというビジネスモデルから脱却していく必要もあろう。事業性融資あるいは
地域密着型融資と呼ばれる融資や，コンサルティングやマーケティング，マッ
チング等をあわせて実施する貸出なども広がっていくものと考えられよう。こ
のような新しいビジネスモデルのためにも，地域金融機関はさらに効率的な経
営を目指さなければならない。その一つの手段がこれまで議論してきた再編で
ある。独占禁止法特例法や日本銀行当座預金の優遇等の諸政策によって，地域
金融機関の再編は今後劇的に進んでいくと考えられる。それぞれの地域金融機
関には，この再編の波をどう乗り越えていくかが，問われているといえよう。

【注】
＊　本章は，真鍋・平賀・大庫・吉野（2016），平賀・真鍋・吉野（2017），植
杉・平賀・真鍋・吉野（2021）をもとに，加筆修正して作成されたものである。
本書掲載に同意をしてくれた共著者らに感謝したい。また，本章および本章のも
ととなった論文の執筆にあたっては，跡田直澄京都先端科学大学教授，櫻川昌也
慶應義塾大学教授をはじめ多くの方々から貴重な助言を受けた。記して感謝した
い。いうまでもなく，本章にありうべき一切の主張，誤りの責任は筆者個人に帰
するものであり，所属機関の見解を代表するものではない。
1）　日本政府観光局「訪日外客数（年表）」。
2）　ここでは，これらのマクロ経済政策（金融政策）の是非は論じない。なお，
マクロ経済コントロールの一つである金融政策と，金融システムに対する企画行
政，監督行政である金融行政とは，明確に区別して議論する必要がある。前者は
主として中央銀行である日本銀行が実施する。英語では Monetary Policy という。
後者は金融庁と日本銀行が主として実施する。英語では Financial Administra-
tion Policy という。
3）　Demsetz（1973）。
4）　例えば，筒井・佐竹・内田（2006）等。
5）　公正取引委員会「（平成 29 年 12 月 15 日）株式会社第四銀行と株式会社北
越銀行による共同株式移転に関する審査結果について」。
6）　公正取引委員会「（平成 30 年 8 月 24 日）株式会社ふくおかフィナンシャル
ホールディングスによる株式会社十八銀行の株式取得に関する審査結果につい
て」。
7）　日本経済再生本部「未来投資会議（第 21 回）公正取引委員会委員長提出資
料」，同「第 21 回議事要旨」。

8）　日本経済再生本部「未来投資会議（第21回）論点メモ」。

9）　日本経済再生本部「未来投資会議地方施策協議会（第1回）公正取引委員会提出資料【参考資料】」，同「未来投資会議地方施策協議会（第1回）金融庁提出資料【参考資料】」。

10）　金融庁「「地域における一般乗合旅客自動車運送事業及び銀行業に係る基盤的なサービスの提供の維持を図るための私的独占の禁止及び公正取引の確保に関する法律の特例に関する法律案」の閣議決定について」（令和2年3月3日報道発表資料），https://www.fsa.go.jp/news/r1/ginkou/20200303_1.html

11）　日本銀行「「地域金融強化のための特別当座預金制度」の導入について」（2020年11月10日）。

12）　もちろん，預金市場についても重要であり，多くの先行研究が存在している。例えば，Focarelli and Panetta（2003）。

13）　企業にとっては，貸出需要というよりも借入需要というべきではあるが，ここでは需要と供給の均衡をよりわかりやすくするために，貸出需要という用語で統一したい。

14）　一部で最新の推計データと入れ替えており，本章の結果と平賀・真鍋・吉野（2017）の計数は必ずしも一致しない。

15）　なお，筆者らの最新の研究では都市雇用圏別の寡占度の計算もしている。植杉・平賀・真鍋・吉野（2021）参照。

16）　ハーフィンダール指数は，以下のように計測される。

$$HHI = \sum \sigma_i^2$$

　ここで，σ_i は，第 i 番目の企業のシェアである。仮に完全独占であれば，HHI は 1 になる。2つの企業が，それぞれ50%ずつシェアを有していれば，HHI は，$0.5^2 + 0.5^2 = 0.5$ となる。このように 1 に近づくほど寡占度が高く，0 に近いほど寡占度が低いことを示す。シェアを%値で計算する場合もあり，そのときは，HHI は 0 から 10,000（＝100×100）の間の値をとり，10,000 であれば完全独占となる。

【参考文献】

Demsetz, H.（1973）, "The Profit-Structure in Banking-Tests of Market Power and Efficisnt-Structure Hypothesis," *Journal of Law and Economics*, 16（1）, pp. 1-9.

Focarelli, D., and Panetta F.（2003）, "Are Mergers Beneficial to Consumers? Evidence from the Market for Bank Deposits," *American Economic Re-*

view, 93 (4), pp. 1152-1172.

植杉威一郎・平賀一希・真鍋雅史・吉野直行（2021），「日本の貸出市場・預金市場での集中度を計測する」『金融庁金融研究センターディスカッションペーパー』DP2020-11, pp. 1-34。

筒井義郎・佐竹光彦・内田浩史（2006），「効率性仮説と市場構造＝行動＝成果仮説：再訪」RIETI Discussion Paper Series 06-J-001。

平賀一希・真鍋雅史・吉野直行（2017），「地域金融市場では，寡占度が高まると貸出金利は上がるのか」『金融庁金融研究センターディスカッションペーパー』DP2016-05, pp. 1-22。

真鍋雅史・平賀一希・大庫直樹・吉野直行（2016），「地域金融機関の経営統合の課題と展望」『月刊金融ジャーナル』（日本金融通信社），No. 726, pp. 8-13。

第5章
消費者選択モデルと政策研究*
——国際航空行政の実証分析——

真鍋　雅史

第1節　はじめに

　グローバル化の進展と，新興国経済の成長に伴って，国際航空市場も急激に拡大してきている。有償旅客キロ（RPKs，有償旅客数×輸送距離で計算され，航空旅客輸送量を示す最も一般的な単位）でみると，2000年代初頭は概ね3兆旅客キロであったものが，2019年には9兆旅客キロに届こうとするまでに成長しており，20年間で約3倍に成長したことになる[1]。改めて議論するように，中華人民共和国湖北省武漢市に端を発する新型コロナウイルス感染症(COVID-19)の2019年末以降の世界的な流行は，経済社会に深刻な打撃を与えている。特に国際航空市場に対しては未曽有の衝撃を与えており，2020年には国際航空需要のほとんどが蒸発してしまう事態となった。COVID-19の終息および終息後のニューノーマル時代における国際航空市場は，見通しにくいものとなっているが，国際的な交流そのものが失われていくとは考えにくく，依然として国際航空ネットワークは，社会経済の極めて重要なインフラストラクチャーであり続けると考えられよう。

　いうまでもなく，航空便は旅客だけでなく貨物も輸送している。航空貨物輸送量については，2020年9月には全年同月比8%減に留まっており，引き続き世界の物流を支えていることがわかる[2]。サプライチェーンのグローバル化とともに，最終財だけでなく中間財の物流も航空貨物の重要な役割となっており，速達性に優位性のある航空貨物についても近年大幅な増加傾向が続いている。加えて，貨物船の修理のための部品輸送もまた航空貨物輸送の重要な役割であ

り，旅客だけでなく貨物も含めた国際航空ネットワークがわれわれの社会経済の重要な基盤であることはゆるぎない。

　世界中の都市や地域もまた，グローバル化の進展の中で，航空輸送をはじめとした交通ネットワークに接続されている。結果として，グローバルな都市間競争や地域間競争が激化してきている。グローバル都市では，ヒト，モノ，カネ，チエが集積し，高生産性拠点としての成長を続けている。本社機能の誘致や都市基盤の整備が行われ，激しいグローバル都市間競争を戦っていこうとしている。わが国でいえば，東京や大阪，福岡といった都市が，アジアの主要都市，例えば，上海，香港，ソウル，台北，バンコク，シンガポールといった都市と激しく競争しているといえる。また，地域では，インバウンド需要の取り組みに成功して，飛躍する事例も出てきている。豊かな自然遺産や文化遺産を有するわが国地域にとっては，観光産業は，基幹になりうる産業であり，地域に多くの雇用を生み，投資を呼び込むことができる。2003 年に当時の小泉純一郎首相が施政方針演説において 2010 年までに訪日外国人の数を倍増させる目標を掲げ，2004 年の施政方針演説においては「観光立国」を推進する方針が掲げられた[3]。訪日外客数は 2002 年にはじめて 500 万人を超えた程度であり，2010 年の倍増はかなわなかったものの（約 860 万人），その後急激に増大していき，2018 年には 3000 万人を超えることとなった[4]。

　もちろん，COVID-19 終息後のニューノーマル時代においては，グローバルな都市間競争や地域間競争も大きく様変わりすると考えられる。ICT のさらなる発展と急速な普及による働き方や遊び方の変化が，多大な影響を与えるであろう。筆者は，内閣官房事務局長として，2020 年 6 月に当時の竹本直一 IT 担当大臣のもとに設けられた「ニューノーマル時代の IT の活用に関する懇談会」の取りまとめに携わった。ここでの議論を少し紹介していこう[5]。ICT の活用による大きな変化は，空間的な制約から解放されるということである。都市は，集積によって高い生産性を実現してきた。しかし，空間的な制約がないもとでは，「集積」の意義が小さくなると考えられよう。ただしこのことは，直ちに都市が小規模化すると捉えるべきではないであろう。確かにテレワークの普及によって，東京にリアル通勤をする人数は減少するかもしれない。都心のリアル人口も減少すると考えられよう[6]。しかし，このことはバーチャルも

含めた東京への「通勤」者数の減少を意味しない。日本全国あるいは世界各地から東京へ「通勤」することも可能であるからだ。このように考えると，グローバル都市間競争は，リアル空間だけでなくバーチャル空間も含めた競争が激化していくと考えられるであろう。そのような広がりの中で，対面情報の価値も改めて上昇していくと考えられる。結果として，グローバル大都市におけるリアルな交流あるいはグローバル都市間におけるリアルな交流も増加していくことが考えられよう。

　地域間の競争についても新たな側面が加わると考えられるであろう。ひとつは，「手軽に楽しむバーチャルサービスと感動の空間を共有するリアルサービスの融合による相乗効果」が指摘されている。ICT の発展は目覚ましいものの，バーチャル空間において五感すべてを体感することは，依然として技術的な困難が伴っている。そのため，それぞれの地域における感動の空間を共有するようなリアルサービスは，引き続き需要が見込まれる。そればかりか，バーチャルサービスとの融合により，需要の相乗効果が起きることが考えられよう。例えば，バーチャルサービスの提供によって，地域の魅力を伝える間口が大きく広がり，魅力を感じた結果として現地を訪れる観光客も増加するかもしれない。もうひとつは「ワーケーション」である。つまり，テレワークの普及によって，豊かな自然や文化を有する地域に居住しながら，都市にバーチャルで「通勤」するライフスタイルも，地域間競争に新たな一面を加えることになろう。このように，COVID-19 終息後のニューノーマル時代には，交流のあり方や都市，地域の競争環境は大きく変化していくと考えられる[7]。ただしこのことは，直ちに航空をはじめとした国際交流ネットワークの重要性が失われることを意味するわけではなく，むしろ新たな重要性も付加されていくと考えるべきであろう[8]。

　都市間競争，地域間競争における国際交流ネットワークの重要性に，ニューノーマル時代における新たな意味づけも加わる中で，周囲を海で囲まれたわが国にとっては，空運および海運が国際交流の主力となる。結果として，都市間競争や地域間競争を議論するにあたっては，どのような航空政策あるいは海運政策が実行されるかが極めて重要な要素になってくる[9]。特に国際旅客輸送は，そのほとんどが航空輸送であることから，航空政策の役割は非常に大きい。

　航空政策に対しては，第一に，わが国航空会社の競争力を高めていくことが求められている。わが国には，全日本空輸（ANA）および日本航空（JAL）の世界トップレベルの航空会社が存在しており，その航空ネットワークはわが国の競争力の源泉ともなっている。それぞれの航空会社の競争力を高めつつ，消費者にとっても恩恵が享受できるよう，適切な競争市場政策が必要であり，新規企業の参入促進や，国際航空市場の変化に即応した新たな市場の補完，例えば格安航空会社（LCC）の支援などが進められてきている。もうひとつは，空港行政である。航空ネットワークの拠点として，競争力のある空港整備が必要であり，特にアジア大都市の空港間競争に打ち勝つ効果的な整備が求められている。具体的な空港行政については次節で議論していきたいが，空港行政は単に滑走路やターミナルを整備するだけでなく，国際化や運用時間の延長など，既存の設備を一層活用することや，運営を民間に委託するコンセッションと呼ばれる方式でより効果的な運営を目指すことも重要となる。また，都心から空港へのアクセス改善も空港競争力を高める重要な施策となる。

　グローバル都市間競争あるいは地域間競争において，わが国航空企業と空港の競争力が向上していくことは，車の両輪として共に極めて重要であるが，特に大都市において競争力のある空港を整備していくことは，わが国航空企業にとっても競争力の源泉となり，当該空港が持つ国際航空ネットワークが都市競争力の源泉となりうる。そればかりか，国内線国際線の乗り継ぎ空港としての機能を有することで，当該空港との路線を持つ地方空港にとっても競争力の源泉となり，このことはすなわち地域間競争力の源泉であることも意味している。このように考えると，東京国際空港（羽田空港）や成田国際空港，関西国際空港といった大都市における空港の競争力強化は，航空政策の中でも極めて重要な意味を持っているといえる。

　筆者らは，これまで議論してきたような問題意識のもとに，空港の競争力について研究を進めてきている。近年，アジア地域では空港間競争が激化している中で，世界を代表するグローバル都市である東京に所在する羽田空港，成田空港を事例に，消費者すなわち航空旅客がどちらの空港を選択するかについて，その要因の分析を行ってきている[10]。選ばれる空港であることは，すなわち競争力のある空港といえるからだ。この点についての筆者らの研究は，地方空

港を出発地とし，海外空港を目的地とする旅客で，羽田空港あるいは成田空港
を経由した旅客のデータを用いて，どのような要因で乗り継ぎ空港を選択した
かについて，統計的な分析を行っている[11]。そこで本章では，筆者らのこれ
までの研究に基づいて，羽田空港，成田空港という 2 つの首都圏空港を事例と
して，空港の競争力について議論をしていきたい。そのうえで，国際航空市場
の展望と，都市競争力，地域競争力を強化していくための国際航空行政の展望
について議論していきたい。また，前章と同様に，このような政策分析にあた
っては，経済学や統計学（計量経済学）がパワフルな役割を演じてくれる。そ
ういった手法の解説も適宜加えていきたい。

　本章は以下のように進めていく。まず第 2 節では，国際航空市場と首都圏空
港行政の現状と課題について議論をする。具体的には，アジアの都市間競争と
空港間競争を概観し，首都圏空港の歴史と現状，展望と課題を議論していこう。
次に第 3 節では，選択行動モデルという手法を用いて，地方空港を出発地とし，
海外空港を目的地とする旅客が，乗り継ぎ空港として，どのように羽田空港あ
るいは成田空港を選択したかについて，実際のデータを用いて分析をしていく。
最後に第 4 節は政策的含意を得て，今後の展望について議論したい。

第 2 節　国際航空市場と首都圏空港行政

　本節では，国際航空市場と首都圏空港行政の現状と課題について概観してい
こう。

1.　アジアの都市間競争と空港整備

　戦後わが国はアジア地域においていち早く高度経済成長を実現し，2010 年
代初頭に中華人民共和国（中国）に逆転されるまで世界第 2 位の経済大国とな
った。経済成長に伴って，わが国航空需要も増大を続け，早くも 1960 年代に
は当時首都圏唯一の国際空港であった東京国際空港（羽田空港）の容量が課題
となった。これを受けて，羽田空港の拡張が検討されたが，拡張用地の地盤に
課題があり，当時の土木技術では拡張不可能であったため，1966 年に新東京
国際空港（成田空港）の建設が閣議決定された。後述するように，成田空港は

開港に反対をする過激派によるテロ行為などを受けて，開港は 1978 年にまで
ずれ込むものの，東京は，羽田空港と成田空港という 2 つの基幹空港を有する
大都市となった。

　その後，1980 年代には香港，シンガポール，大韓民国，台湾の 4 地域が「新
興工業経済地域」として高い経済成長を実現し，さらにタイ，マレーシアとい
った東南アジア諸国や中国も成長軌道に乗ることとなった。特に中国は巨大な
人口を背景に目覚ましい経済成長が続いており，今や世界第 2 位の経済大国と
なるに至っている。このような経済成長を受けて，アジア地域においても航空
需要は激増している。そして，航空需要の増大とともに各国各地域でも新たな
空港整備が行われるに至っている。

　さらに近年では，ヒト，モノ，カネ，チエの集積を呼び込もうとする都市間
競争も激化している。例えば国際金融センターとしての地位は，ヒト，モノ，
カネ，チエの集積を促し，多くの経済的便益を発生させる。このような都市間
競争における競争力の源泉のひとつが空港であり，効果的な空港整備が都市の
競争力を高めてきた[12]。加えて，北米や欧州と東南アジア，オセアニア地域
との間の航空需要は存在するものの，現在の航空機の性能では直行便を運航す
ることができず経由地を設けなければならない[13]。また，さまざまな都市間
の航空需要をすべて直行便で満たすことは効率的ではないため，経由地を設定
することになる。このような乗り継ぎのための空港として，国際ハブ空港の重
要性が叫ばれるようになり，各国でその整備が行われてきた。

　例えば香港では，中心地九龍にほど近い香港啓徳空港が手狭となり，これを
閉鎖したうえで郊外に新たな香港空港が整備され 1998 年に開港している[14]。
シンガポールでも同様に，パヤ・レバー空港を空軍基地に移管したうえで，チ
ャンギ空港が 1981 年に開港した[15]。ソウルでは，都心近傍の金浦空港を国内
線専用としたうえで，仁川空港が 2001 年に開港している[16]。台北でも，都心
近傍の松山空港を国内線専用としたうえで，1979 年に桃園空港が開港してい
る[17]。

　上海では虹橋空港を国内線専用としたうえで 1999 年に浦東空港が開港し，
北京では北京首都空港に加えて第 2 の国際空港として 2019 年に北京大興空港
が開港している。わが国でも，東京に続いて大阪でも大阪国際空港（伊丹空

表 5-1　アジア主要都市の空港整備

都市	当初空港	新空港開港後	新空港	開港年
東京	東京国際空港 （羽田空港）	国内線専用化 のち国際化	成田国際空港	1978
大阪	大阪国際空港 （伊丹空港）	国内線専用化	関西国際空港	1994
香港	香港啓徳空港	廃港	香港空港	1998
シンガポール	パヤ・レバー空港	空軍基地化	チャンギ空港	1981
ソウル	金浦空港	国内線専用化 のち一部国際化	仁川空港	2001
台北	松山空港	国内線専用化 のち一部国際化	桃園空港	1979
バンコク	ドンムアン空港	小規模化 のち再整備（LCC など）	スワンナプーム空港	2006
クアラルンプール	スバン空港	小規模化	クアラルンプール空港	1998
北京	首都空港	維持	大興空港	2019
上海	虹橋空港	国内線専用化 一部国際化	浦東空港	1999

（出所）　各空港運営会社 web site などから筆者作成。

港）を国内線専用としたうえで，関西国際空港が 1994 年に開港することとなった[18]。これらをまとめたものが，表 5-1 である。これらの空港が，都市間競争とともに特に 2000 年代以降激しく競争していくこととなる。また，表 5-1 からわかるように，ほとんどの都市で複数の空港が併存することとなっている。

　大都市における複数空港の機能分担をどのように考えるか，いわば大都市における複数空港運用行政は，都市競争力を考えるうえでも重要な論点となりうる。重要な機能が複数空港間に分散してしまうと，非効率が発生し，空港が持つ競争力が毀損しかねないためである。一方でそれぞれの空港が持つ立地などを活かすことも重要である。アジアの主要都市においては，当初，多くの場合は旧空港を国内線専用化とする等，機能を縮小し，新空港に従来の機能を移転させる例がほとんどである。ただし，これは必ずしも一般的なことではない。例えばロンドンやニューヨーク等では，国内線国際線の路線網を有する複数の

空港が併存している[19]。そして以下で議論するように東京においても，2空港の機能分担が見直されてきており，都市競争力強化のための首都圏空港の整備および機能分担は，わが国国際航空行政の大きな課題であるといえる。

2. 首都圏空港の歴史

　それでは，わが国首都圏空港はどのように整備をされ，機能分担がなされてきたのであろうか。ここでは歴史を整理し議論していきたい[20]。首都圏だけでなく日本の玄関口としての役割が期待された成田空港は，1978年に開港した。しかし，開港に至るまでに数多くの困難に遭遇し，また開港後も多くの課題を抱えている。羽田空港の容量の限界を受けて，1966年に成田空港が建設されることが閣議決定されたものの，予定地に土地を所有していた農家をはじめとした地元住民には反対の声も強く，それを新左翼が支援する形となり，テロやゲリラが頻発することとなった。1971年には過激派による襲撃を受けて，警備にあたっていた機動隊員3名が殉職した事件（東峰十字路事件）が発生したほか，開港直前の1978年3月には管制塔が占拠，破壊され，同年5月にはアクセス鉄道である京成電鉄特急スカイライナーの車両が放火されるなど，たびたび過激派によるテロ攻撃を受けることとなった。このような中で，成田空港の開港は遅れ，さらに当初計画の3本の滑走路は実現せずA滑走路1本のみで開港することとなった。開港後もゲリラ活動，テロ行為は継続され，反対活動を打ち切った土地所有者に対する攻撃や，1988年には千葉県土地収用委員会会長がテロ攻撃で瀕死の重傷を負う（その後，後遺症を苦として自殺），といった状況が継続する。もちろん，建設を行った政府側にも行き過ぎた面があり，政府と地元の対話も行われていたが，2本目の滑走路の建設などは遅々として進まなかった。結果として1本の滑走路では増加し続ける航空需要に対応できず，国内線もほとんど就航できなかったことから，国内線国際線の乗り継ぎにも課題が残った。また，騒音問題に配慮して深夜時間帯の運用時間の制限もあり，時差を考慮した効果的な運航スケジュールが組めないほか，遅延などが発生した際に着陸ができずに他の空港へ向かう等の不安定さも残り続けることとなった。

　さらに，都心から約60キロ離れていることによるアクセスも課題となった。

当初は東京駅と成田空港駅とを結ぶ成田新幹線を建設する計画であったが，こ
れも計画地周辺住民の反対運動を受けて中止となった。開港当初は京成スカイ
ライナーが上野成田空港間を 1 時間で結んだものの，ターミナルに直結してい
ない旧成田空港駅の立地も悪く必ずしも良いアクセスではなかった。その後
1991 年になってターミナル直下に JR と京成電鉄が乗り入れることとなったが，
それでも 1 時間程度の所要時間が大幅に短縮されることはなかった。

　このような設備とアクセスの不十分さは，成田空港の競争力を大きく損なっ
ていたといってよい。アジア地域の東端にあるという地理的優位性もあり，北
米アジア間の乗り継ぎハブ空港としての機能は一定果たしたものの，国内線国
際線の乗り継ぎ機能は脆弱であり，地方空港を出発して海外に向かう場合，多
くの場合羽田空港に到着後陸路で成田空港に移動することとなった。

　このような中，2002 年の FIFA ワールドカップに備えた整備が求められる
こととなり，成田空港については A 滑走路と平行な B 滑走路を整備すること
となった。ただし，上述のように依然として当初計画用地の土地収用に困難が
残っていたことから，計画用地を北側に延伸して，2160 メートルの暫定滑走
路として整備することとなった。また，2002 年の FIFA ワールドカップは，
日韓共同開催であったことから，国内線専用であった羽田空港とソウル金浦空
港との間にチャーター便が運航されることとなった[21]。さらに，このチャー
ター便を契機として国内線の乗り継ぎや都心からのアクセスが良い羽田空港の
再国際化を求める声が大きくなっていく。加えて，2000 年代以降，地方空港
への国際線の就航が進むようになる。特に，ソウル仁川空港との路線が多く開
設されたこともあり，地方空港を出発して海外に向かう旅客は，羽田空港から
成田空港への陸路移動を敬遠し，仁川空港経由を選択する旅客も多く存在した。
ハブ空港機能が成田空港から仁川空港に奪われている，という点が問題視され，
改めて成田空港の課題が浮き彫りになった。このような流れを受けて，羽田空
港の再国際化が進んでいくことになる。2007 年に羽田上海虹橋線，2008 年に
羽田香港線，2009 年に羽田北京線が開設された。さらに 2010 年には 4 本目の
滑走路と国際線ターミナルの供用が開始され，終日の近距離国際線に加えて，
羽田空港は 24 時間運用可能であることから，成田空港が運用できない深夜早
朝時間帯に限って，北米や欧州線も含む中距離長距離の国際線の就航も認めら

れることとなった。

　その後も国内線への乗り継ぎが良く，都心からのアクセスも良い羽田空港の再国際化の要請は強く，羽田空港における昼間時間帯の中距離便の就航も認められるようになり，国家間の航空交渉を前提として，国際線の発着枠容量が限られているということ以外は，現在では無制限に羽田空港でも国際線が就航できるようになっている。一方，成田空港としては，国際線機能が分散することは空港競争力の低下につながるため，またそのことは日本の競争力の低下にもつながりかねず，羽田空港の再国際化には反対をしていたものの，成田空港の設備，運用時間，アクセス面での羽田空港との不利はすぐに改善できるものではなく，成田空港から羽田空港へと拠点を移す航空会社や路線が相次ぐ結果となった。もちろん，成田空港でもそのような危機感から，さまざまな整備が行われてきている。2010 年には，京成電鉄スカイアクセス線が開業し，所要時間を短縮させたほか，2012 年には従来よりも格安で都心からアクセスできるバス路線を開設した。2014 年には LCC ターミナルが整備された。また東京オリンピックを目前にして，2019 年には，午後 11 時までであった運用時間が深夜 0 時までとなる，開港以来初の運用時間の延長が認められることとなった。

　このように，首都圏を代表する国際空港である羽田空港と成田空港は，当初は羽田国内成田国際という機能分担であった。しかしながら，成田空港に関するさまざまな課題によって，成田空港の機能が十分発揮されることはなかった。結果として，いわばなし崩し的に羽田空港の再国際化が進んできており，そのような結果としての現状の機能分担がある。これらは，とうてい戦略的な複数空港運用行政とはいえず，むしろ国際航空行政の失敗であったといってよい。戦略的な国際航空行政がない一方で，市場原理に基づく効率的な運用がなされているとも言い難い。羽田空港の国際線は，就航時間帯や就航先に制限がなくなったとはいえ，国家間の航空交渉の政治的な制約や，限られた発着枠をいかに配分するかという点で，依然として航空当局の裁量がおおいにある。わが国の都市競争力や地域競争力の向上のためにも，大胆な政策変更によって，戦略的な国際航空行政が強く求められているといえるであろう。

3. 首都圏空港の課題と展望

　本節の最後に，首都圏空港の課題と展望についていくつか指摘しておこう。COVID-19 の影響を受けて，2020 年に開催予定であった東京オリンピック・パラリンピックは 2021 年に延期となった。しかし，羽田空港，成田空港共に 2020 年の開催に向けてさまざまな整備が行われてきている。羽田空港についていえば，国際線発着枠のさらなる拡充がなされ，北米便を中心として多くの路線が開設される予定となっていた。また国内線第 2 ターミナルの一部も国際線用に改修されている。成田空港についても，先に述べた運用時間の延長に加えて，顔認証でチェックインできるなどの ICT の活用も進んでいる。そして次の 10 年，2030 年に向けて新たな整備も示されている。羽田空港については，新たなアクセス鉄道が計画されている。JR 東日本は，既存の貨物線を活用した「羽田空港アクセス線（仮称）」の 2029 年度開業を目指して整備を開始しており，これによって東京駅羽田空港駅間が 18 分で結ばれる見通しとなっている[22]。また，国土交通省は 2019 年 11 月に成田空港の基本計画を見直し，滑走路を 3 本とすることなどを公表している[23]。具体的には図 5-1 のような計画がなされており，極めて大規模な計画であることがわかる。COVID-19 の影響はあるものの，国際航空需要は引き続き増加してきており，首都圏の航空需要の増大に対応した整備であると評価できるであろう。

　その他の論点についても言及しておきたい。ひとつは国際航空政策の潮流である。国際的な航空政策の取り決めは，1944 年に採択された国際民間航空条約（シカゴ条約）であり，シカゴ条約に基づいて国連の専門機関である ICAO（国際民間航空機関）が設立されている。シカゴ条約では，自由な航空市場がうたわれているものの，現実には各国の強い規制のもとにあった。しかし 1990 年代以降，二国間の合意で航空路線や便数を自由に設定できるようにする，「オープンスカイ」と呼ばれる協定が締結されるようになってきている。わが国でも 2010 年代に入って各国とのオープンスカイ協定の締結が続いており，発着枠に限りのある混雑空港については一定の制限があるものの，各国航空会社は自由にわが国と締結国との航空路線を設定できるようになっている。結果として，いかに航空路線を誘致するかという空港間競争が激化している。一定の制限があるとはいえ，首都圏空港についてもこのような空港間競争の中にあ

図 5-1　成田空港の機能強化

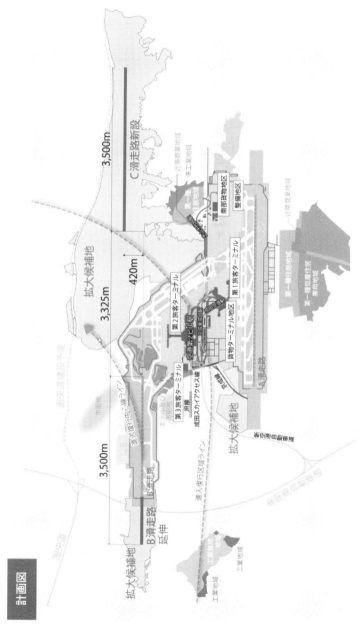

（出所）　成田空港株式会社 web site. https://www.naa.jp/jp/20190328-chuchokikeieikousou.pdf

り，さらなる競争力強化が求められている。

　いまひとつは，航空市場の潮流である。同様に航空市場の自由化は，新たな航空会社の参入を促している。中でも，LCC（Low Cost Career，格安航空会社）と呼ばれる新しいビジネスモデルの誕生が，航空市場に大きな変化をもたらしている。1967 年に米国で設立されたサウスウエスト航空が LCC の元祖とされるが，LCC では，効率的な機材運用といったコストマネジメントやレベニューマネジメントを工夫することにより，低運賃での航空サービスが提供されている[24]。わが国でも，2011 年に関西空港を拠点とした Peach Aviation が設立されて以降，LCC の市場は拡大を続けている。このようなことから，空港にとってはいかにして LCC を誘致するかについても戦略的な行動が求められる。LCC は効率的な機材運用を求めるため，運用時間の制限がない方が望ましい。また，離発着にかかる経費も抑えるため，比較的発着量が安い都心から離れた第 2 の空港に就航することも多い。関西空港では，発着料の優遇や簡素なターミナルを整備することで LCC の誘致に成功しているといえる。LCC の乗客は，低価格の航空運賃を求めているとはいえ，このことは必ずしも購買力が低いことを意味しない。航空運賃が低い分，宿泊や飲食などに支出する額を増やす例も多く，空港における物販や地域における宿泊，飲食にも大きな経済効果が見込まれることになる。このような LCC をどのように誘致するかの戦略も求められよう。

　最後は，空港運営の変革である。一般的に，空港は公的施設として中央政府（国）や地方政府によって整備され，また運営がなされてきている。しかしながら，公的部門による運営は，経営を改善させようとするインセンティブに乏しく，また消費者に対するサービスも不十分な場合が多い。いわゆる天下りによる非効率な組織運営がなされ，また国際航空市場の急速な変化にも対応ができない。まさに，これまで議論したような国際航空行政の失敗の背景ともいえよう。そこで民間の創意工夫を取り込む工夫がなされてきた。最もわかりやすいのは民営化である。羽田空港についていえば，旅客ターミナルビルの運営が民間の株式会社によって運営されているが，離発着にかかわる空港の運営自体は現在も国が担っている。成田空港については，2004 年に民営化がなされ，ターミナルビルも含めた空港の管理運営を成田国際空港株式会社が担っている。

ただし，成田国際空港株式会社は全株式を政府が保有しており，完全民営化とはいえない。民間の経営手法を取り入れる新たな手法として近年広がっているのが，コンセッション方式と呼ばれるものである。コンセッションとは，公的施設の所有権を公的部門が維持をしたまま，運営権を民間に譲渡するというものである。関西空港は，全株式を政府が保有する新関西国際空港株式会社が所有権を維持しているが，2016 年に運営権を関西エアポート株式会社に譲渡している。このようなコンセッション方式は，わが国だけでも仙台空港，福岡空港，広島空港，北海道内 7 空港など，急速に広がってきている[25]。空港運営についても，ガバナンスの改革が求められているといえよう。

　このように，空港の競争環境も大きく変化してきており，羽田空港，成田空港についても新しい潮流を見据えた戦略的な空港行政が不可欠である。

第 3 節　国際航空市場の経済分析：空港選択行動モデルの実証分析

　激化するグローバル都市間競争や地域間競争を生き残るためには，基盤となる空港の競争力を高めることが不可欠である。では，どのようにすれば空港の競争力は高まるであろうか。この問いに答えるためには，消費者はどのような要因で空港を選択するかを明らかにすることが求められる。そこで本節では，首都圏空港の選択行動モデルを分析した筆者らの研究である Usami, Manabe, and Kimura（2017）の内容を紹介していこう。

1.　問題意識

　消費者はどのように空港を選択するのか。この問題については，数多くの先行研究が存在している。例えば，米国のサンフランシスコベイエリアの 3 空港（サンフランシスコ，サンノゼ，オークランド）の選択問題を扱った一連の研究がある[26]。ここでは，空港までのアクセス時間や航空便の運航頻度との関係が指摘されている。また，その影響度合いはビジネスやレジャーといった旅行目的によっても違いがあるとの結果が得られている。アジア地域では，珠江デルタ地域（香港，広州，深圳，珠海，マカオ）の空港選択を研究したものがあり，やはり空港までのアクセス時間や運航頻度，運賃や航空会社の数が影響

するとしている[27]。わが国の研究では，例えば花岡（2002）が挙げられる。花岡（2002）は，国土交通省『航空旅客動態調査』を用いて，大阪地域における伊丹空港と関西空港との選択行動を分析している。ここでは，アクセス時間フライト時間比率が要因として挙げられて分析がなされている。

　これらの研究は，いずれも当該地域における複数空港の選択問題を取り扱っている。これまで議論してきたように，羽田空港および成田空港は，単に首都圏の航空需要だけではなく，乗り継ぎ旅客も含めた日本全体の航空需要を担っているといえる。都市間競争だけでなく，地域間競争すなわち地域のインバウンド需要も重要な論点となっている中で，乗り継ぎ空港の選択問題についての研究は，これまでほとんど存在しない。後に議論するように，花岡（2002）でも用いられている国土交通省『航空旅客動態調査』では，航空旅客ごとに出発空港と乗り継ぎ空港，最終目的地の空港の情報を得ることができる。そこで本研究では，2010年の国土交通省『航空旅客動態調査』を用いて，地方空港を出発し，羽田空港あるいは成田空港を経由して海外空港に向かった旅客データを分析し，乗り継ぎ空港としてどのような要因で羽田空港あるいは成田空港を選択したかを明らかにしたい。このような乗り継ぎ空港選択の研究はこれまでほとんどないといってよい。乗り継ぎ空港としての競争力の源泉が明らかになれば，今後の国際航空行政にも，極めて重要な知見が得られると考えられる。

2.　モデル

　まず分析モデルを構築していこう。A地点（空港）からB地点（空港）に移動することを考えよう。このとき，AB間には直行便が存在しないので，必ず乗り継ぎのための空港（この場合は，羽田空港あるいは成田空港）を経由しなければならないと考えよう。ここでは簡便化のために，出発地点から最終目的地までの直接的な費用（運賃）は同一であると考えよう。ただし，乗り継ぎ空港によって，所要時間や待ち時間，最終目的地までの乗り継ぎ回数，煩雑さや快適さには違いがあるとしよう。このとき，羽田空港あるいは成田空港を乗り継ぎ空港として選択したときの消費者 i の効用は，

$$U_i^{HND}=u(x_i^{HND}) \tag{1}$$

$$U_i^{NRT} = u(x_i^{NRT}) \tag{2}$$

と書くことができる。ここで，U_i^{HND} は羽田空港（HND）を選択したときの効用，U_i^{NRT} は成田空港（NRT）を選択したときの効用であり，$u(\cdot)$ は効用関数である。x_i は効用（あるいは不効用）の要因となる変数群（要素ベクトル）であり，x_i^{HND} は羽田空港を選択したときの要素ベクトル，x_i^{NRT} は成田空港を選択したときの要素ベクトルである。ここで，$U_i^{HND} > U_i^{NRT}$ であれば，消費者は羽田空港を選択し，$U_i^{HND} < U_i^{NRT}$ であれば，消費者は成田空港を選択する。

〈コラム：消費者選択と効用関数〉

　私たちが生活する社会では，ほとんどすべてのものが有限である。つまり，人間はおもむくままにすべての欲望を実現することはできない。ものが有限であり，同時に人々はそれぞれ欲望を満たそうとしているので，適当なところで折り合いをつけなければならない。すなわち選択をしなければならない。選択はさまざまな場面で常に起こっている。この選択を経済学ではどのように考えるのか。以下で簡単に解説していこう。ここでは，例えば海鮮居酒屋に行く例を考えてみよう。ビールを飲むか，ハイボールを飲むか，あるいは造りを頼んだり，握りずしを頼むのも良いかもしれない。このとき重要なのは，目の前の財・サービスを消費するかどうかを選択するかと同時に，消費の組み合わせを選択している。この消費の組み合わせを消費ベクトルという。数学的に記述すれば，$x_1, x_2, \cdots, x_n$ を n 種類の財・サービスの消費量とすれば，消費ベクトルは，$x = (x_1, x_2, \cdots, x_n)$ と書ける。海鮮居酒屋の例では，x_1 をビールを何杯消費するか，x_2 を造り何種盛りにするか，とすれば，海鮮居酒屋における消費ベクトルは，$x = (x_1, x_2)$ と書ける。ビール 2 杯と造り 5 種盛りの消費の組み合わせ A と，ビール 5 杯と造り 2 種盛りの消費の組み合わせ B であれば，消費ベクトルは

$$x^A = (x_1, x_2) = (2, 5)$$
$$x^B = (x_1, x_2) = (5, 2)$$

と記述することができる。

　どちらの消費ベクトルを選り好むかは，人それぞれであろう。魚好きは消費ベクトル A を選り好み，ビール好きは，消費ベクトル B を選り好むであろう。この選り好みを選好（Preference）という。さらにここで，選好の強さを定量化す

ることを考えよう。この選好の強さを，効用（Utility）として定義する。すなわち，より選好される消費ベクトルには大きい値を，あまり選好されない消費ベクトルには小さい値を与えてやることで，消費ベクトルの選好の度合いを比較検証することができる。このとき，効用は消費ベクトルから得られる幸福感や満足度を表しているようにみえる。つまり，非常に強く選好される消費ベクトルは，高い満足度が得られるがゆえに非常に強く選好されるのであって，非常に強く選好される消費ベクトルの効用が高い数値を示すということは，効用が消費ベクトルから得られる幸福感，満足度を示していることと同値であるといって良い。

　そして，以上のように定義された効用と消費ベクトルとの関係性を効用関数という。数学的には，U を効用，$u(\cdot)$ を効用関数，$x = (x_1, x_2, \cdots, x_n)$ を消費ベクトルとしたとき，

$$U = u(x)$$

と記述される。

　ここで重要なことを指摘しておこう。この効用を現実に定量的に評価し分析することは容易ではない。なぜならば基本的には観測できないからだ。例えば，ビール 2 杯と造り 5 種盛りの消費の組み合わせ A と，ビール 5 杯と造り 2 種盛りの消費の組み合わせ B から得られる効用の違いを数量的に具体的に表現できる人はいるだろうか。それでも，この効用という仮想的な量は，経済学においては非常に重要な役割を演じてくれる。仮想的な量のまま議論を進めていくことで，多くの知見が得られるのである。そのため，この効用という概念は，経済学における消費者理論の最も基礎的なものになっている。

　以下の議論は，必ずしも本章の議論とは直結しないが，効用の議論から明らかになる消費者選択の重要な性質であるので，併せて紹介しておこう。人間は，現状から追加的に変化をさせたときの効果を考慮して選択の意思決定を行う。例えば，1 月 1 日にその年のすべての朝食，昼食，夕食を選択する人はまずいないだろう。恐らく直前になって，何が食べたいかを考え，選択するに違いない。昼食にそばをしばらく続けて食べていたとすれば，その次の日の昼食は，過去の消費行動が影響されているはずである。つまり消費を追加したときの限界的な効用が重要となってくる。これを限界効用（Marginal Utility）という。数学的には，消費ベクトルを構成するある消費財 x_1 の限界効用 MU_1 は，

$$MU_1 = \frac{\partial u(\cdot)}{\partial x_1}$$

で表される。すなわち，効用関数を消費財 x_1 で（偏）微分した係数が限界効用

である。

　ここで，限界効用の性質について考えていこう。さまざまな財・サービスを消費すると，人間は幸福感や満足度を感じる。すなわち，効用がある。これまで，消費量は多ければ多いに越したことがないだろうと考えてきたので，ある財・サービスをこれまでにどれほど消費していたとしても，さらに追加的に消費をすれば，効用は増加する。すなわち，限界効用は常に非負であって，最低でも0である。確かに食べ過ぎると気持ちが悪くなるかもしれない。しかし金銭的なことを考えなくて良いのであれば，注文するだけ注文をしておいて，満腹になればそれ以上食べなければ良いのだ。満腹時にさらに注文したとしても，効用は上がらないことはないかもしれないが，下がることはないはずだ。やはり限界効用は必ず非負なのだ。

　限界効用に関するもうひとつの，そして極めて重要な特徴は，限界効用は消費量に応じて減少していくということである。この特性を限界効用逓減の法則と呼ぶ。これは人間の最も基本的な行動様式であり，神様からの授かりものといっても良い特性である。

　具体例で考えてみよう。ある日，あなたは汗水を垂らしながら，うんと労働をしたとしよう。その仕事を報告書にまとめ，そのプレゼンテーションも極めて成功裏に終わった。長かったプロジェクトもついに終了し，非常に達成感がある。そこで，共にプロジェクトを進めてきた仲間と海鮮居酒屋に行き打ち上げをすることになった。最初に注文するのはたいていの場合，生ビール中ジョッキであろう。乾杯の発声のあとの最初の一口は極めて美味しいに違いない。これほど美味しいビールは初めてと思うくらいに美味しいはずだ。このように，最初の1杯，最初の一口による効用の上昇，すなわち限界効用は極めて高い。ところがどうだろう。会話を弾ませながら，2杯，3杯とおかわりをしていくと，なんだかもうビールは良いかなという気がしてくる。確かにビールを飲むことで効用は上がっているはずだ。しかし，3杯目から4杯目へ，追加的な1杯による効用の上昇，すなわち限界効用はそれほど大きくないはずだ。最初の一口と比べれば，限界効用はかなり小さくなっている。そこで，日本酒に移行する人もいるだろう。するとどうだろう，1杯目の日本酒は何と美味ではないか。つまり，日本酒1杯目の限界効用もやはり大きいのである。このような状況はほとんどの財・サービスにあてはまる。

　数学的には，限界効用は，非負かつ消費量の減少関数であるといえる。すなわち，消費財 x_i について，効用の1階微分が非負であり，2階微分が負である。これは，

$$MU_i = \frac{\partial u(\cdot)}{\partial x_i} \geq 0 \text{ かつ } \frac{\partial MU_i}{\partial x_i} = \frac{\partial^2 u(\cdot)}{\partial x_i^2} < 0$$

と表せる。

　このような限界効用の特性は，日本語では「飽きる」という概念に対応している。すなわち，どんな財やサービスでも，それを消費し続けると飽きてしまうのだ。しかしこの飽きるという人間の特性こそが人間行動を多様に豊かにしているのであって，神様からの授かりものといっても良い特性なのである。飽きるからこそ，私たちは同じものを消費し続けるのではなく，他のものを選択しようとする。このことで，多様な栄養素を摂取し，あるいはさまざまな体験をすることになる。結果として，豊かな人間生活を送ることができているのだ。

3.　実証分析

　ここで，先に議論したモデルを実際のデータで分析していくことを考えよう。まずはデータについて議論していこう。ここでは，2010 年の国土交通省『国際航空旅客動態調査』を用いた[28]。この調査は，国土交通省が毎年行っているもので，調査実施期間中に，成田空港をはじめとする国内空港から，国際定期路線を利用して出国した日本人・外国人旅客およびトランジット旅客（通過・乗換）を対象とした質問紙調査である。分析に用いた 2010 年調査では，8 月および 11 月に調査日が設定されている。この調査のうち出国調査では，それぞれの旅客ごとに居住地，国内線を乗り継いだ場合はその出発空港および到着空港，国際線の出発便名，出国後の訪問都市（6 都市まで），旅行目的などを得ることができる。2010 年調査では日本人 24,778 人，外国人 11,681 人の計 36,459 サンプルが集められている。このうち，本研究では，地方空港を出発して羽田空港あるいは成田空港を乗り継いで出国した日本人のサンプルを抽出した。さらに，ここからソウルを最終目的地とするサンプルを取り除いた。これは，地方空港からソウルへは直行便が就航している例が多くあり，当該旅客は，直行便と羽田空港経由，成田空港経由の 3 つの選択肢から選択がなされており，純粋な羽田空港か成田空港かの選択にはなっていないためである。結果として，854 のサンプルを用いた。2010 年時点では，羽田空港からの国際線は限られており，昼間は近距離線のみ，深夜早朝には中距離長距離線が就航していた。また豊富な国内線路線網を有している。一方で成田空港は，豊富な国際線路線網

表 5-2　羽田空港と成田空港の概況（2010 年）

		羽田空港	成田空港
国内線	直行便就航地	51 空港	8 空港
	平均運航便数（週）	1,557 便	97 便
	就航航空会社（コードシェア便を除く）	7 社	3 社
国際線	直行便就航地	11 か国 17 空港	42 か国 93 空港
	平均運航便数（週）	378 便	1,339 便
	就航航空会社（コードシェア便を除く）	18 社	55 社

（出所）　羽田空港，成田空港 web site から筆者作成。

表 5-3　利用データ一覧

変数名	定義
空港ダミー	乗り継ぎに羽田空港を利用 =0，乗り継ぎに成田空港を利用 =1
羽田空港国際線直行便ダミー	羽田空港から最終目的地までの直行便有無（有 =1，無 = 0）
成田空港国際線直行便ダミー	成田空港から最終目的地までの直行便有無（有 =1，無 = 0）
羽田空港国内線運航便数	乗客出発空港から羽田空港までの直行便数（週）
成田空港国内線運航便数	乗客出発空港から成田空港までの直行便数（週）
搭乗クラスダミー	ファーストクラスあるいはビジネスクラス=1，それ以外 =0
ANA ダミー	羽田空港あるいは成田空港からの出発便が ANA 便 =1，それ以外 = 0
JAL ダミー	羽田空港あるいは成田空港からの出発便が JAL 便 =1，それ以外 = 0
スターアライアンスダミー	羽田空港あるいは成田空港からの出発便がスターアライアンス加盟社便 = 1，それ以外 = 0
ワンワールドダミー	羽田空港あるいは成田空港からの出発便がワンワールド加盟社便 =1，それ以外 = 0
長距離ダミー	乗客の最終目的地が南北アメリカ，欧州，アフリカ，中東またはオセアニア=1，それ以外 = 0
ビジネスダミー	旅行目的がビジネス = 1，それ以外 = 0
レジャーダミー	旅行目的がレジャー = 1，それ以外 = 0

を有していたものの，当時はまだ LCC は就航しておらず，国内線は限られているという状況である。当時の状況をまとめたものが，表 5-2 の通りである。さらに，分析に用いた変数は表 5-3 である。ここでは，国土交通省『国際航空旅客動態調査』で得られるデータに加えて，直行便の存在や運航頻度について，羽田空港，成田空港 web site から筆者らが集計した。最後に記述統計を表 5-4 で示す。

表 5-4　記述統計

変数名	観測数	平均	標準偏差	最小	最大
空港ダミー	854	0.814	0.389	0	1
羽田空港国際線直行便ダミー	854	0.515	0.500	0	1
成田空港国際線直行便ダミー	854	0.811	0.391	0	1
羽田空港国内線運航便数	854	153.934	123.579	0	364
成田空港国内線運航便数	854	21.762	15.508	0	42
搭乗クラスダミー	854	0.235	0.424	0	1
ANA ダミー	854	0.309	0.462	0	1
JAL ダミー	854	0.365	0.482	0	1
スターアライアンスダミー	854	0.410	0.492	0	1
ワンワールドダミー	854	0.422	0.494	0	1
長距離ダミー	854	0.903	0.296	0	1
ビジネスダミー	854	0.254	0.436	0	1
レジャーダミー	854	0.657	0.475	0	1
ビジネス交差項（＝ビジネスダミー×長距離ダミー）	854	0.204	0.403	0	1
レジャー交差項（＝レジャーダミー×長距離ダミー）	854	0.615	0.487	0	1

　これらのデータを用いて，選択行動を分析する。まず先のモデルで議論した(1)式，(2)式の効用関数が線形関数であると仮定しよう。すなわち，

$$U_i^{HND} = x_i^{HND}\beta + v_i \tag{3}$$

$$U_i^{NRT} = x_i^{NRT}\beta + w_i \tag{4}$$

となる。ここで，(4) 式から (3) 式を減じると，

$$U_i^* = X_i\beta + u_i \tag{5}$$

を得る。ここで，$U_i^* \equiv U_i^{NRT} - U_i^{HND}$ であり，$U_i^* > 0$ であれば，成田空港を選択し，$U_i^* < 0$ であれば，羽田空港を選択することになる。また，$X_i \equiv x_i^{NRT} - x_i^{HND}$，$u_i \equiv v_i - w_i$ である。ここで，成田空港を選択する確率 $P(U_i^* > 0)$ は，

$$P(U_i^* > 0) = P(X_i\beta > u_i) \tag{6}$$

となる。誤差項 u_i の分布を正規分布で仮定すれば，

$$P(U_i^* > 0) = F(X_i\beta) \tag{7}$$

と表現でき，これを最尤法で推定することでパラメタを得ることができる。これがプロビット分析に他ならない[29]。

〈コラム：質的データと選択行動モデル〉

　本書第4章では，需要と価格との関係を題材として，計量経済分析について議論を行った。需要も価格も量的な変数であり，量的な変数は定量的な分析あるいは統計的な分析に親和性が高いことは容易に理解できるであろう。それでは，質的な変数は扱うことができるであろうか。例えば，「愛媛県で生まれた」や「生活習慣を改善した」といった量的には表しにくい事象はどのように分析すべきであろうか。例えば，みかんの需要関数を分析しようとするとき，「愛媛県出身」かどうかは重要な要因になるはずである。恐らく，他の条件が同じであれば，愛媛県出身者はみかん需要量が多いはずだ。

　結論からいえば，このような質的データはダミー変数と呼ばれる変数を活用することで，分析をすることができる。ダミー変数とは，0または1をとる変数であり，ない場合は0，ある場合は1をとる。具体的に考えてみよう。

　いま愛媛県出身ダミーという変数 dm_i^{ehime} を考えよう。愛媛県出身者は $dm_i^{ehime} = 1$ であり，愛媛県出身者でなければ $dm_i^{ehime} = 0$ とする。この変数を以下のようなみかん需要関数に加えてみよう。すなわち，

$$D_i = a + \beta Y_i + \gamma \, dm_i^{ehime}$$

である。ここで，D_i は消費者 i のみかん需要量，Y_i は消費者 i の所得である。a，β，γ はパラメタである。このとき，消費者 i が愛媛県出身かどうかで需要関数はどう変わるであろうか。愛媛県出身の場合は，$dm_i^{ehime} = 1$ なので，

$$D_i = (a + \gamma) + \beta Y_i$$

となる。一方で，愛媛県出身でなければ，

$$D_i = a + \beta Y_i$$

となる。ここで，a を定数項あるいは切片と呼んだことを思い出そう。愛媛県出身の場合は，その定数項が a から，$(a + \gamma)$ に変化していることがわかる。すなわち切片が変化している。もし γ が正であれば（あるいは回帰分析によって正の係数が推定されるとするならば），切片が大きくなるため，需要曲線が上方にシ

フトすることになる。つまり同じ所得であっても，愛媛県出身者であれば需要量が多いということになる。このようにダミー変数を用いることで質的データを取り扱えるのだ。ダミー変数を含んでも，前章で議論した最小二乗法などの適用は全く問題ない。

　ではさらに議論を進めてみよう。上記の例では，説明変数（独立変数）として，取り扱ったが，被説明変数（従属変数）としても取り扱うことができるであろうか。例えば「生活習慣を改善した」人とそうでない人がいたとして，改善の要因となった変数を探そうとするときはどのようにすればよいであろうか。生活習慣改善ダミーを用意してこれを被説明変数として分析すればよいであろうか。結論からいえば，可能である。ただし最小二乗法の適用は適切ではないので，ロジット分析あるいはプロビット分析という方法論を用いることになる。これを選択行動モデルと呼ぶ。行動するかしないかの選択を分析できるからだ。数学的な展開については，本文中に示したので，ここでは直感的な議論をしておこう。生活習慣改善ダミー dm_i^{life} を考えよう。改善した人は $dm_i^{life}=1$，改善しない人は $dm_i^{life}=0$ としよう。このとき，生活習慣の改善の要因となりえる変数として，保健師による健康指導時間 T_i を考えよう。ここで要因となる変数も質的な変数（ダミー変数）でもよいが（例えば保健師による健康指導を受けたかどうか等），議論をわかりやすくするために量的な変数で考えよう。

　なお，実際の分析にあたっては，説明変数は独立である必要があるので，健康指導は対象者の希望にかかわらず強制的に行われていると考えよう。またその時間は，対象者の居住地域の保健政策で異なっていると考えよう。なぜこのような点が重要かというと，保健師による健康指導時間が自由に選択できる場合は，生活習慣を改善しようと思っている人ほど長い時間を受講しようとし，結果として生活習慣が改善することになるため，因果関係が逆あるいは「生活改善意志」という観測できない変数が介在していると考えられるためである。そうである場合は，正しい関係が捉えられない。

　以上を数学的に表現すれば，以下のような式になる。

$$dm_i^{life} = a + \beta T_i$$

　ここで，縦軸に dm_i^{life}，横軸に T_i をとって，散布図を描いてみるとどのようになるであろうか。その概念図が図 5-2 である。ここで，太い線を最小二乗法で得ることには 2 つの問題点がある。ひとつは，被説明変数が 0 または 1 しかとらないにもかかわらず，その間にも線が引かれているという点である。すなわち，横軸 T_i の与え方によっては，dm_i^{life} はさまざまな値をとりうる。これをどのよ

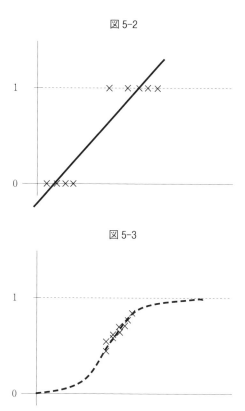

図 5-2

図 5-3

うに解釈すべきであろうか。さらに大きな問題は，横軸 T_i の与え方によって
は，dm_i^{life} は 0 未満あるいは 1 以上の値をとることになる。dm_i^{life} が負の値であ
ることはどのように解釈すべきであろうか。

　そこで以下のような工夫を行う。まず，被説明変数を $dm_i^{life} = 1$ となる確率
$P(dm_i^{life} = 1)$ に変換する。このことで，被説明変数は $0 \leq P(dm_i^{life} = 1) \leq 1$ とな
る連続量になる。さらに直線ではなく，曲線で回帰し，0 または 1 の範囲に収ま
るようにする。この曲線の描き方について代表的なものが，ロジット分布あるい
は正規分布を仮定するものであり，それぞれロジット分析，プロビット分析と呼
ぶ。これを描いたものが**図 5-3** である。これが選択行動モデルと呼ばれるロジッ
ト分析，プロビット分析に他ならない。

　最後に，係数の評価をしておこう。線形回帰式の場合は，直線で回帰されるた

め，説明変数と被説明変数との関係はわかりやすい。説明変数が 1 増加すれば，被説明変数はスロープパラメタ β 増加することになる。一方で選択行動モデルの場合，曲線で回帰されるため，説明変数の大きさによって，傾き（曲線の接線の傾き）が変化する。この回帰曲線の接線の傾きを限界効果と呼ぶ。限界効果が変化するため，推定によって得られたパラメタの解釈は少し難しい。一般には，関係性の大きさを評価しようとする場合は，説明変数の平均値における限界効果で評価することが多い。

4．推定結果

　先に議論したデータを用いて推定した結果が，**表 5-5** の通りである。被説明変数は成田空港の選択確率であり，符号が正であれば成田空港を選択しやすいと考えられ，符号が負であれば羽田空港を選択しやすいと考えられる。頑健性を確認するために 6 つの推定を行ったところ，羽田空港からの直行便の有無，成田空港からの直行便の有無，羽田空港への飛行頻度，成田空港への飛行頻度，搭乗クラスの 5 つの主要変数について頑健な結果が得られた。

　以下では分析結果を細かくみていこう。まず，羽田空港からの直行便の有無が負に有意に得られていることから，羽田空港から目的地への直行便が利用できる場合，乗客は乗り継ぎ空港として羽田空港を選択しやすくなる（成田空港を選択しにくくなる）ことがわかる。国内線は羽田空港のほうが利用しやすいため，羽田空港から最終目的地までの直行便があれば，羽田空港を選択するということである。この結果は当然であろう。すなわち，国内線が充実している羽田空港の優位性を示しているといえる。また，同様に成田空港からの直行便の有無は正に有意であり，成田空港から国際線への直行便が利用できる場合，乗客は成田空港を選択しやすくなる。成田空港は羽田空港よりも多くの直行便都市を有しており，この点は成田空港の優位性を示しているといえる。

　次に出発空港から羽田空港への運航頻度は負に有意であることから，羽田空港への運航頻度が高ければ，羽田空港を選択しやすくなることがわかる。また同様に，出発空港から成田空港への運航頻度は正に有意であることから，成田空港への運航頻度が高ければ，成田空港を選択しやすくなることがわかる。平均的には，出発空港からは羽田空港への運航頻度のほうが成田空港の運航頻度

162　第Ⅱ部　政策編

表5-5　推定結果

変数名	Model (1)	Model (2)	Model (3)	Model (4)	Model (5)	Model (6)
羽田空港国際線直行便ダミー	-1.551*** (0.177)	-1.619*** (0.178)	-1.446*** (0.175)	-1.512*** (0.176)	-1.522*** (0.176)	-1.591*** (0.177)
成田空港国際線直行便ダミー	0.757*** (0.202)	0.763*** (0.200)	0.586*** (0.211)	0.594*** (0.209)	0.695*** (0.205)	0.704*** (0.203)
羽田空港国内線運航便数	-0.003*** (0.001)	-0.003*** (0.001)	-0.004*** (0.001)	-0.004*** (0.001)	-0.004*** (0.001)	-0.004*** (0.001)
成田空港国内線運航便数	0.040*** (0.007)	0.040*** (0.007)	0.039*** (0.007)	0.038*** (0.007)	0.041*** (0.007)	0.040*** (0.007)
搭乗クラスダミー	0.356** (0.150)	0.308** (0.149)	0.398*** (0.153)	0.343** (0.153)	0.395** (0.152)	0.340** (0.152)
ANAダミー	-0.624*** (0.161)		-0.641*** (0.164)		-0.655*** (0.165)	
JALダミー	-0.609*** (0.157)		-0.650*** (0.160)		-0.650*** (0.161)	
スターアライアンスダミー		-0.928*** (0.220)		-0.949*** (0.226)		-0.935*** (0.223)
ワンワールドダミー		-0.890*** (0.220)		-0.932*** (0.227)		-0.903*** (0.223)
ビジネスダミー			-0.625*** (0.230)	-0.596** (0.234)		
レジャーダミー					-0.121 (0.264)	-0.060 (0.262)
ビジネス交差項			0.517** (0.256)	0.517** (0.261)		
レジャー交差項					0.399 (0.253)	0.302 (0.250)
定数項	1.489*** (0.193)	1.907*** (0.252)	1.666*** (0.214)	2.077*** (0.271)	1.402*** (0.203)	1.812*** (0.262)
観測数	854	854	854	854	854	854
対数尤度	-304.412	-302.951	-300.752	-299.738	-301.342	-300.798
McFadden の自由度調整済決定係数	0.239	0.242	0.243	0.245	0.241	0.243

(注) 括弧内は標準誤差。*** は1％水準で、** は5％水準で、* は10％水準で有意であることをそれぞれ示す。

よりも高く，また最終目的地へは羽田空港よりも成田空港のほうが直行便は多いため，消費者は運航頻度と直行便の兼ね合いから，羽田空港あるいは成田空港を選択しているということがわかる[30]。

　搭乗クラスについては有意に正の結果が得られている。これはビジネスクラスやファーストクラスに搭乗する場合は，成田空港を選択しやすいという結果を示している。このことの要因は，当時の国際線中長距離は成田空港が中心であり，最新鋭の国際線機材も成田空港発着便で運用されていた。つまり，航空会社がどのような機材で運航しているかも空港選択に影響を与えていることがわかる。

　羽田空港あるいは成田空港からの出国便が，ANA である場合は，ANA ダミーが有意に負であるので羽田空港を選択しやすい。これは JAL でも同様の結果が得られている。さらに，ANA が加盟する航空連合であるスターアライアンス加盟航空会社で出発する場合，JAL が加盟する航空連合であるワンワールド加盟航空会社で出発する場合も，同様の結果が得られている[31]。これは，出発空港から利用した航空会社と乗り継いだ航空会社とが同一，あるいは同じ航空連合であり，国内線の到着空港と国際線の出発空港とが同一であれば，チェックインが一度ですむ場合がほとんどであるため，高い利便性が得られる。繰り返しになるが，ANA あるいは JAL の国内線は圧倒的に羽田空港のほうが利用しやすいため，ANA，JAL あるいはスターアライアンス便，ワンワールド便で出国する場合は，できる限り羽田空港での乗り継ぎを志向しているということである[32]。

　目的別にみると，ビジネス目的ダミーは負に有意であることから，羽田空港を選択しやすい。これは，ビジネス目的の乗客は，運賃などよりも利便性を強く志向することが知られており，このような結果となったと考えられる。ただし，ビジネス目的のうち長距離便に限れば，交差項を評価すると，正に有意であることから成田空港を選択しやすいことがわかる。これは，少なくとも当時の成田空港発着便についていえば，羽田空港よりも選択肢が豊富であり，成田空港から出発するほうがより合理的な選択ができるためであると考えられる。一方でレジャー目的については，有意な結果が得られておらず，確かな傾向はみてとれなかった。これは今回の研究では運賃を含めていないことも原因であ

ろう。ビジネス目的とは異なり，レジャー目的の場合は運賃の影響も受けやすいが，運賃でコントロールできていないために有意な結果が得られなかったとも考えられる。

　以上をまとめると，直行便で最終目的地に到達できる，あるいは同一航空会社ないしは航空連合で乗り継げるという利便性が，空港選択に大きな影響を与えていることがわかる。特にビジネス目的でその傾向が顕著であると考えられよう。前節で議論してきたように，近年，羽田空港は国際線を拡充し続けてきており，直行便の就航先を大きく増やしている。このことは羽田空港の競争力をおおいに高めていると考えられる。一方で成田空港についても，LCC をはじめとした国内線が充実してきており，また，比較的マイナーな都市への就航も進んできている。これらのことも成田空港の競争力を高めているといえるであろう。

第4節　政策的含意と今後の展望

　それでは最後に，これまでの議論をまとめていこう。これまで国際航空市場の動向とわが国首都圏空港行政について議論をしてきた。具体的には，第1節ではグローバル化の展開の中で，都市間競争や地域間競争が激化している点を議論し，航空ネットワークとそれを支える空港の競争力が都市間競争力や地域間競争力の重要な源泉であることを議論してきた。また，COVID-19 の影響についても議論を行った。さらに第2節では，アジア地域における空港間競争と，首都圏空港行政の展望を行った。ここでは，わが国の戦略なき国際航空行政についても明らかにしてきた。

　第3節では，羽田空港と成田空港を事例にして，競争力の源泉について定量的な分析を試みた。すなわち，どのような要因で空港が選択されるかについて，選択行動モデルを用いて分析を行った。具体的には，2010 年の国土交通省『航空旅客動態調査』を用いて，地方空港を出発し，羽田空港あるいは成田空港を経由して海外空港に出国した旅客データを分析し，乗り継ぎ空港としてどのような要因で羽田空港あるいは成田空港を選択したかを明らかにした。主要な結果は以下の通りである。直行便で最終目的地に到達できる，あるいは同一航空

会社ないしは航空連合で乗り継げるという利便性が，空港選択に大きな影響を
与えていることがわかった。特にビジネス目的でその傾向が顕著である。近年，
羽田空港は国際線を拡充し続けてきており，直行便の就航先を大きく増やして
いる。一方で成田空港についても，LCC をはじめとした国内線が充実してき
ており，また，比較的マイナーな都市への就航も進んできている。これらは，
空港の競争力を高めていると考えられよう。
　残された課題について言及しておこう。本研究では，通常の需要関数では不
可欠な要素である価格や所得を分析に含めることができていない。これはデー
タの利用可能性に課題があるためである。搭乗クラスダミーなどを用いること
で捉えられている部分もあるが，レジャーダミーについて有意な結果が得られ
なかったことの背景として考えられよう。空港にとっての主要な収入のひとつ
は，航空会社が支払う発着料であるが，発着料の変化は運賃にも影響を与える。
当然ながら，高価格の運賃は敬遠されるため，競争力を損ねてしまう。効率的
な空港運営が行われることで，発着料を引き下げることも可能になるかもしれ
ない。このような点は重要な論点である。今後の課題としたい。関連する点と
して，空港のガバナンスについても残された課題といえる。成田空港は株式会
社化がなされているとはいえ，100％政府出資の特殊法人であり，羽田空港も
国が直接管理している。関西空港のようにコンセッション方式によって民間経
営管理手法を取り入れている空港もあり，そのような手法によって空港競争力
を高められる可能性がある。空港運営のガバナンスについて，羽田空港と成田
空港とで大きな差異がないために，この点も分析ができなかった。これも今後
の課題としたい。加えて，本研究は地方空港を出発した乗り継ぎ客を対象とし
て分析を行ったが，地方都市を出発して羽田空港や成田空港を利用するのは，
必ずしも国内航空便でアクセスする人だけではない。例えば新幹線によってア
クセスする人も少なくない。この点もデータに制約があるためであるが，新幹
線との結節によって空港競争力は大いに高まりうる。この点も今後の課題であ
ろう。
　最後に政策的含意について議論していこう。第2節でも議論してきたように，
成田空港を巡る歴史的な経緯のために，戦略的な国際航空行政あるいは機能分
担ができてきたとは言い難い。改めて戦略的な空港行政が求められているとい

えよう。これまで議論してきたように，空港の競争力は国内線国際線共に直行便の就航地が大きな要因である。もちろん空港の発着枠には限りがあり，これらをどう有効に配分するかが求められているといえよう。ひとつの視点は，より市場の原理を導入するということである。現在は，国土交通省が主導的に発着枠を配分している。しかし，時代の変化が急激に進んでいく中で，果たして政府主導の戦略が良い結果を生むのであろうか。結局のところ，利権が発生し非効率性が温存されてしまうことにはならないであろうか。このような点から考えれば，発着枠をより自由な仕組みで配分することが考えられる。例えば，発着枠をオークションによって配分するという考え方がある。オークション制度により，より収益率が高い路線により良い発着枠を配分することができ，効率性を向上できる。また，オークションによって発着枠を現在よりも高く売ることができるため，より充実した整備のための原資を確保することにもつながる。さらに，政府部門の利権などを排除することにもつながる。こういった議論も加速していくべきであろう。

　併せて空港運営のガバナンス改革も必要であろう。この点は，本研究で定量的な分析には至っていないが，効率的な空港運営は激化する競争環境の中では不可欠の要素であり，現在のような天下りなどの政府関与の強い空港運営は改革されていくべきであろう。

　また高速鉄道網との結節も課題である。地方都市から羽田空港や成田空港までのアクセス利便性が改善することは，空港競争力にもつながり，また都市競争力，地域競争力にもつながりうる。航空政策と鉄道政策は同じ国土交通省が所管しているものの，航空は航空局，鉄道は鉄道局で縦割り行政となっている。結果としてミッシングリンクともいえる航空と高速鉄道との非連続が生じている。例えば，中央リニア新幹線が開通し，現在の羽田空港の大阪方面国内線の発着枠を再配分することができれば，空港競争力を大いに高めることができるであろう。もちろん，東京大阪間を中心として現在の新幹線の競争環境は独占に近いところがあり，消費者が不利益を被らないような適切な競争政策が必要である。しかし，海外には国際空港に隣接して高速鉄道駅がある例も少なくなく（例えば，フランクフルト，上海虹橋），また高速列車とのコードシェア便も存在している。他にも，羽田空港の近傍には東海道新幹線の車両基地があり，

すなわち新幹線の線路が羽田空港の近くにまで敷設されている。これらを活用することも議論すべきだ。このような，航空と高速鉄道のミッシングリンクを解消するためにも，縦割り行政打破も含めた行政改革が求められるといえるであろう。

　最後に，より根本的な課題として，組織的な点に言及しよう。これまで議論してきたような国際航空行政の失敗があったとしても，航空会社や空港会社が異を唱えることは難しい。それは，企画行政と監督行政とが一体となっているためである。監督行政はいわば警察であり，航空会社や空港会社は，罰則の判断等で過度に不利にならないよう行動する。このことが挑戦的で機動的な空港運営を阻んでいる。このようなことから，企画行政と監督行政の分離を検討すべきだ。例えば，監督行政は航空保安庁として完全に独立させ，企画行政は鉄道局などと共により戦略的な部局として再出発させることも議論すべきである。戦略的な国際航空行政のためにも，抜本的な改革が求められている。

【注】

＊　本章は，Usami, Manabe, and Kimura（2017）をもとに，加筆修正して作成されたものである。本書掲載に同意をしてくれた共著者らに感謝したい。また，本章および本章のもととなった論文の執筆にあたっては，跡田直澄京都先端科学大学教授をはじめ多くの方々から貴重な助言を受けた。記して感謝したい。いうまでもなく，本章にありうべき一切の主張，誤りの責任は筆者個人に帰するものであり，所属機関の見解を代表するものではない。

1）　IATA（国際航空運送協会），Annual Review 2020.

2）　IATA（国際航空運送協会），Annual Review 2020.

3）　「第 156 回国会における小泉内閣総理大臣施政方針演説」および「第 159 回国会における小泉内閣総理大臣施政方針演説」。https://www.kantei.go.jp/jp//koizumispeech/2003/01/31sisei.html; http://www.kantei.go.jp/jp//koizumispeech/2004/01/19sisei.html

4）　日本政府観光局「訪日外客数（年表）」。

5）　内閣官房「ニューノーマル時代の IT の活用に関する懇談会最終報告書」（令和 2 年 8 月 11 日）。https://www.cas.go.jp/jp/seisaku/new_normal_it/pdf/saishuuhoukokusho.pdf

6）　例えば「東京都の人口（推計）」によれば，東京都の人口は 2020 年 5 月 1 日

をピークとして，これまでの増加傾向が転じて減少傾向となっており，執筆時点
での最新統計（2020 年 12 月 1 日現在統計）でもその傾向は変わらない。https://
www.toukei.metro.tokyo.lg.jp/jsuikei/js-index.htm

7)　なお，ニューノーマル時代における航空需要の変化については，ビジネス
目的あるいはレジャー目的といった目的別にも大きく変わりうる。真鍋・岡崎
(2021) では，この点について議論している。

8)　もちろん，COVID-19 の終息（ワクチン接種などの予防体制の確立等）に
よって直ちにニューノーマル時代になるわけではなく，構造変化には一定の期間
を要すると考えられる。想定は異なるが，IATA（国際航空運送協会）が 2020
年 7 月 28 日に公表した "June data and revised air travel outlook" では，航空需
要について，2019 年の水準にまで回復するのは 2024 年であるとの試算をしてい
る。https://www.iata.org/en/iata-repository/publications/economic-reports/
june-data-and-revised-air-travel-outlook/

9)　もちろん，競争力強化に必要な政策は，これに留まらない。例えば，法人
課税をはじめとした税制は，本社機能の立地選択において極めて重要な要素とな
っており，アジア圏ではシンガポールをはじめとして都市競争力強化のための税
制優遇を推進してきている例も多い。また，そもそもの地方自治制度，あるいは
大都市制度も重要である。地域の特性を生かした取り組みが実施しにくいような
中央集権的な制度や，権限の範囲が複雑で二重行政や二元行政となってしまうよ
うな都市制度の改革なども求められており，例えば大都市制度については大阪府
市などで推進されようとしている。これらの点について，筆者もいくつかの研究
蓄積がある。真鍋 (2014)，跡田・小川・川瀬・平賀・真鍋 (2020) を参照され
たい。

10)　空港の「消費者」は航空旅客であると同時に航空会社でもある。航空会社
もまた，どの空港に就航するかを選択しているからだ。そのような観点からの分
析も必要であるが，一方で，航空旅客の選択と航空会社の選択は表裏一体でもあ
る。すなわち，航空旅客は航空便のある空港を選択するし，航空会社は航空旅客
が利用したい空港に航空便を開設しようとするためである。

11)　筆者らは，これに加えて，首都圏在住者が国際線の出発空港としてどのよ
うな要因で羽田空港と成田空港かについても分析している。これについては，
Usami, Manabe, and Kimura (2015) を参照されたい。

12)　例えば，森記念財団都市戦略研究所が毎年公表している「世界の都市総合
力ランキング」では，「経済」「研究・開発」「文化・交流」「居住，環境」「交通・
アクセス」の 6 領域で評価しており，空港も重要な要素となっている。http://
www.mori-m-foundation.or.jp/ius/gpci/

13)　ただし，2019 年 10 月には豪州カンタス航空がロンドン・シドニー間の 19 時間を超える直行便の実験を B787 型機で行うなど，航空機の性能も向上してきている。https://www.qantas.com/travelinsider/en/trending/london-sydney-non-stop-long-haul-qantas-flight-project-sunrise.html

14)　https://www.hongkongairport.com/en/about-us/?section=our-history

15)　https://www.changiairport.com/corporate/about-us/our-story.html

16)　https://www.airport.kr/co_cnt/ja/intro/general/histor/histor.do

17)　https://www.taoyuanairport.com.tw/main_ch/docdetail.aspx?uid=255&pid=17&docid=28

18)　http://www.kansai-airports.co.jp/company-profile/about-airports/kix.html

19)　ロンドンにおいては，ヒースロー空港に加えて，ガトウィック空港のほか複数の空港が存在する。ニューヨークにおいては，JFK 空港に加えて，ラガーディア空港，ニューアーク空港が国内線国際線共に発着する空港として存在している。

20)　以下の記述では成田国際空港株式会社 web site，日本空港ビルデング株式会社 web site を参照した。https://www.naa.jp/jp/naa/pdf/history_all.pdf, https://www.tokyo-airport-bldg.co.jp/company/corporate_profile/history/history.html

21)　なお，羽田空港においては，中国と台湾との政治的な対立を背景として，成田空港開港後も台湾の航空会社は羽田空港に乗り入れていた。

22)　JR 東日本「羽田空港アクセス線（仮称）の鉄道事業許可について」（JR 東日本ニュース，2021 年 1 月 20 日），https://www.jreast.co.jp/press/2020/20210120_ho02.pdf

23)　国土交通省報道発表資料「成田国際空港の基本計画を改定します〜成田国際空港の更なる機能強化に向けて〜」（令和元年 11 月 5 日）。https://www.mlit.go.jp/report/press/kouku07_hh_000125.html

24)　なお，サウスウエスト航空は，顧客満足度に加えて従業員満足度が特に高い企業としても知られている。

25)　その他の事例は，内閣府「コンセッション事業の主な進捗状況（令和 2 年4 月 9 日時点）」を参照。https://www8.cao.go.jp/pfi/concession/concession_index.html

26)　Pels et al.（2001, 2003），Basar and Bhat（2004），Hess and Polak（2005）等。

27)　Loo et al.（2005），Loo（2008）等。

28)　なお，この統計は利用申請を行うことで利用可能である。

29)　誤差項を正規分布ではなくロジット分布で仮定すれば，ロジット分析となるが，プロビット分析とロジット分析では結果はほとんど変わらないことが知ら

れている。

30)　なお，運航頻度という観点からは，羽田空港あるいは成田空港から最終目
的地までの運航頻度を用いた分析が考えられるため本研究でも試みたが，当時の
羽田空港は近距離国際便の運航頻度が高く，成田空港は中長距離国際便の運航頻
度が高いため，のちに議論する中長距離ダミーと強く相関することとなり，多重
共線性の問題が発生するため良い結果が得られなかった。

31)　なお，ANAダミーとスターアライアンスダミー，JALダミーとワンワー
ルドダミーとの間には強い相関があり，多重共線性の問題が発生するため，両方
を含めた分析は良い結果が得られなかった。

32)　なお，分析時点とは異なり現在では，航空連合を超えた強い提携（資本提
携やジョイントベンチャー等）の例もあり，現在の事例で考えるのであれば，解
釈には注意が必要である。

【参考文献】

跡田直澄・小川顕正・川瀬晃弘・平賀一希・真鍋雅史（2020），『大都市制度（総
　　合区設置及び特別区設置）の経済効果に関する調査検討業務委託報告書』大
　　阪府・大阪市副首都推進局。https://www.city.osaka.lg.jp/fukushutosuishin/
　　cmsfiles/contents/0000441/441469/houkokusyo(0601teisei).pdf

花岡伸也（2002），「複数空港選択におけるフライト時間とアクセス時間の関係」
　　『交通学研究』第46号，pp. 41-50。

真鍋雅史（2014），「法人課税，設備投資と財政収支―復興特別法人税廃止の経済
　　財政効果と今後の展望―」『兵庫県立大学大学院シミュレーション学研究科
　　ディスカッションペーパー』No. 2。

真鍋雅史・岡崎友里江（2021），「目的別国内航空需要の推計」『嘉悦大学研究論
　　集』第63巻（2），pp. 43-61。

Basar, G., and Bhat, C. (2004), "A parameterized consideration set model for
　　airport choice: an application to the San Francisco Bay area," *Transporta-
　　tion Research B*, No. 38, pp. 889-904.

Hess, S., and Polak, J. W. (2005), "Mixed logit modeling of airport choice in
　　multi-airport regions," *Journal of Air Transportation Management*, No. 11,
　　pp. 59-68.

Loo, B. P. Y., Ho, H. W., and Wong, S. C. (2005), "An application of the continu-
　　ous equilibrium modeling approach in understanding the geography of air
　　passenger flows in a multi-airport region," *Applied Geography*, No. 25 (2),
　　pp. 169-199.

Loo, B. P. Y. (2008), "Passengers' airport choice within multi-airport regions (MARs): some insights from a stated preferred survey at Hong Kong International Airport,". *Journal of Transport Geography*, No. 16, pp. 117-125.

Pels, E., Nijkmp, P., and Rietveld, P. (2001), "Airport and airline choice in a multiple airport region: an empirical analysis for the San Francisco Bay area," *Regional Studies*, No. 35 (1), pp. 1-9.

Pels, E., Nijkmp, P., and Rietveld, P. (2003), "Access to and competition between airports: a case study for the San Francisco Bay area," *Transportation Research* A, No. 37 (1), pp. 71-83.

Usami, M., Manabe, M., and Kimura, S. (2015), "Airport Choice in Mega-City － Economic Evaluation of Utility from Airport in Metropolitan Tokyo Area －," *Discussion Papers in Simulation Studies, University of Hyogo*, No. 9.

Usami M., Manabe M., and Kimura, S. (2017), "Airport choice and flight connectivity among domestic and international passengers: Empirical analysis using passenger movement survey data in Japan," *Journal of Air Transport Management*, No. 58, pp. 15-20.

執筆者紹介

第1章担当　嶋口充輝（しまぐち　みつあき）
慶應義塾大学名誉教授。元嘉悦大学大学院教授。経営学博士（Ph.D）。慶應義塾大学経済学部卒業後，フルブライト奨学生として渡米，ミシガン州立大学，慶應義塾大学，両大学院の修士・博士課程を修了。ルーベン大学，ウェスタン・オンタリオ大学，モスクワ大学，早稲田大学他の客員教授，日本マーケティング協会理事長などを歴任。数社の社外取締役，企業顧問を兼ねる。主著に『統合マーケティング』（日本経済新聞出版社，1986年），『顧客満足型マーケティングの構図』（有斐閣，1994年），『仕組み改革の時代』（有斐閣，編著，2004年）など多数。

第2章担当　上原 聡（うえはら　さとし）
嘉悦大学大学院ビジネス創造研究科研究科長・教授。慶應義塾大学経済学部卒業，慶應義塾大学大学院経営管理研究科修士課程修了，専修大学大学院商学研究科博士課程修了。博士（商学）。日本交通公社（JTB）を経て，長年にわたり大学行政のマネジメントに従事。主著に『感情マーケティングの理論と戦略』（専修大学出版局，2008年），『中小企業が市場社会を変える－中小企業研究の社会論的転換』（共編著，同友館，2014年），『文化視点のマーケティング論』（同友館，2015年），『サービス化社会のマーケティング構想』（単編著，創成社 2016年），『魅力創造するマーケティングの知』（単編著，同友館，2017年），『産業経済とマーケティングポリシー』（単著，同友館，2019年）など。

第3章担当　高橋洋一（たかはし　よういち）
（株）政策工房会長，嘉悦大学大学院ビジネス創造研究科教授，内閣官房参与。1955年，東京都生まれ。東京大学理学部数学科・経済学部経済学科卒業。博士（政策研究），数量政策学者。80年，大蔵省（現・財務省）入省。大蔵省理財局資金企画室長，プリンストン大学客員研究員，内閣府参事官（経済財政諮問会議特命室），内閣参事官（官邸・総理補佐官付き）などを歴任。小泉純一郎内閣・第1次安倍晋三内閣で経済政策のブレーンとして活躍。2020年10月，菅義偉内閣の内閣官房参与（経済・財政政策）に就任。『さらば財務省！』（講談社，2008年）で第17回山本七平賞受賞。主著に『マスコミと官僚の「無知」と「悪意」』（産経新聞出版，2020年），『「消費増税」は嘘ばかり』（PHP新書，2019年），『財投改革の経済学』（東洋経済新報社，2007年）など多数。

第4章，第5章担当　真鍋雅史（まなべ　まさし）
嘉悦大学大学院ビジネス創造研究科教授・産官学連携機構長。1979年千葉県生まれ。慶應義塾大学環境情報学部卒業。大阪大学大学院経済学研究科博士後期課程単位修得満期退学。大阪大学博士（応用経済学）。参議院議員公設第一秘書，大阪大学大学院医学系研究科特任研究員，兵庫県立大学大学院シミュレーション学研究科准教授などを経て，現職。
大阪大学大学院医学系研究科招聘教員，兵庫県立大学大学院シミュレーション学研究科客員教授，北京大学日本研究中心客員研究員，一般社団法人日本看護質評価改善機構理事などを兼任。大阪府特別参与，大阪市特別参与，金融庁金融研究センター特別研究員，内閣官房IT戦略担当室ニューノーマ

ル時代の IT の活用に関する懇談会事務局長などを歴任。専門は，経済統計学，看護経済学，航空経済学，政策研究。主著に『ハバード経済学 準備体操編』（共著，日本経済新聞出版社，2015 年），『バブル後 25 年の検証』（共著，東京書籍，2016 年），『医療と経済』（共著，大阪大学出版会，2016 年）など。

戦略・政策研究への招待

2021 年 3 月 25 日　第 1 版第 1 刷発行

著者　嶋口充輝
　　　上原聡
　　　高橋洋一
　　　真鍋雅史

発行者　井村寿人

発行所　株式会社　勁草書房

112-0005 東京都文京区水道2-1-1　振替　00150-2-175253
（編集）電話 03-3815-5277／FAX 03-3814-6968
（営業）電話 03-3814-6861／FAX 03-3814-6854
本文組版 プログレス・平文社・松岳社